VIERGE

Prévisions astrologiques
1993

Michèle Perras

VIERGE

Prévisions astrologiques 1993

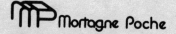

Édition
Les Éditions de Mortagne
250, boul. Industriel, bureau 100
Boucherville (Québec)
J4B 2X4

Diffusion
Tél.: (514) 641-2387
Téléc.: (514) 655-6092

Dépôt légal
Bibliothèque nationale du Canada
Bibliothèque nationale du Québec
3e trimestre 1992

ISBN: 2-89074-586-4

Imprimé au Canada

UN PETIT MOT D'ENTRÉE

J'ai écrit ce livre avec amour et simplicité afin que vous trouviez, grâce à l'astrologie, une source inépuisable de bienfaits, de satisfactions, de chance et de contentement dans la vie courante. De plus, apprendre à mieux se connaître, n'est-ce pas l'essentiel?

Cette année, j'offre cet ouvrage à tous ceux et celles qui, en amateur ou en professionnel, s'intéressent à l'astrologie.

Veuillez, chers amis, accepter mes souhaits les plus sincères et les plus chaleureux pour l'année 1993.

Bonne chance et bon succès!

Michèle Perras

INTRODUCTION

Notre système solaire se trouve constamment baigné par une série d'ondes émanant du Soleil, des autres planètes et des constellations environnantes. Ces vibrations constituent pour nous la source de toute vie et conditionnent les phénomènes visibles ou invisibles qui se manifestent à la surface de la Terre et dans son atmosphère. Bref, ce système d'influences planétaires forme un tout harmonieux et complet, et est tellement parfait que si l'une des planètes était détruite, il en résulterait un bouleversement total de nos conditions de vie. Le système solaire tout entier est comparé au Grand Homme Céleste dont le Soleil est le cœur, tandis que les astres qui le composent en sont les organes. Ce Grand Homme Céleste a une influence majeure sur chacune de ses particules, même les plus infimes. Sur notre Terre, tout est soumis aux mêmes lois et l'atome se comporte exactement comme un mini-système solaire. «Ce qui est en haut est comme ce qui est en bas.»

Ainsi, peu importe la méthode astrologique sur laquelle vous vous basez pour interpréter une carte du ciel, les influx planétaires et zodiacaux jouent inévitablement un rôle important sur l'évolution de chaque individu. Au moment de la naissance, l'enfant est imprégné de l'ensemble des rayons planétaires qui le marquent pour la vie d'un sceau indélébile. Il s'enregistre ainsi une série de vibrations qui distinguent un individu en particulier. Le moment de la naissance sert donc de point de repère le plus important pour étudier les influences cosmiques qui ont agi (vies antérieures) et celles qui agiront sur la nature profonde d'un individu et sur son destin. Peu importe le genre d'astrologie pratiqué, ce point ce nomme thème astral. Ce thème astral ou natal est la vraie clef de notre personnalité et de notre devenir.

Comme vous pouvez le constater, l'astrologie est la SCIENCE DES RAYONS D'ÉNERGIE et des FORCES qui conditionnent et régissent le monde. Voilà pourquoi il est important de considérer l'emplacement des astres et leurs influences au cours d'une année, afin de prévoir ce que nous réservent les différentes configurations.

En espérant que cet ouvrage sur les prévisions 1993 vous permettra d'ouvrir de nouveaux horizons, de connaître la voie de votre évolution à travers le spectre des rayons d'énergie agissant sur les cycles chronologiques de l'année.

Michèle Perras, astrologue

LE CIEL DE L'ANNÉE 1993

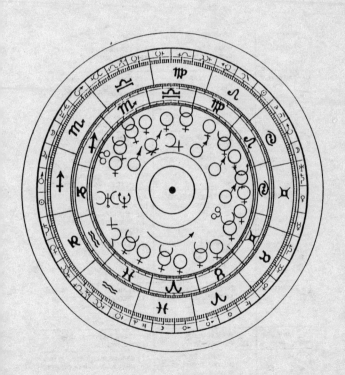

LES PLANÈTES
ET LEURS ATTRIBUTS

	GÉNÉRAL	MONDIAL
☉ SOLEIL	SOURCE DE VIE, INDIVIDUALITÉ	PREMIER MINISTRE PRINCIPE D'AUTORITÉ L'OR
☿ MERCURE	RAISON, ÉCRITS, DEXTÉRITÉ	LES MOYENS DE COMMUNICATIONS LES ENDROITS: AFFAIRES (LA BOURSE, MARCHÉS, ETC...) LES CONTRATS
♂ MARS	ÉNERGIE, DYNAMISME, ESPRIT CONSTRUCTIF	LES GUERRES, LES ATTENTATS L'ACTIVITÉ GÉNÉRALE DU PAYS
♀ VÉNUS	ATTRACTION, AMOUR, CONCORDE	LA MORALITÉ, LA VIE PAISIBLE LES FAITS ET GESTES
♃ JUPITER	OPTIMISME, EXPANSION, POPULARITÉ	LA DIPLOMATIE, LES LOIS LE MONDE RELIGIEUX SUPÉRIEUR LES AFFAIRES ÉTRANGÈRES LA HAUTE FINANCE, LA CHANCE
♄ SATURNE	PRUDENCE, FIDÉLITÉ, ANALYSE, DISCIPLINE	AUTORITÉ POLITIQUE LA POLITIQUE LES MINISTRES LES PROPRIÉTÉS FONCIÈRES L'ÉCONOMIE
♅ URANUS	ALTRUISME, INTUITION, ESPRIT D'INVENTION	LES COOPÉRATIVES LES DÉCOUVERTES SCIENTIFIQUES LA TÉLÉVISION LES FLUCTUATIONS BRUSQUES L'ÉLECTRICITÉ
♆ NEPTUNE	DIVINITÉ, OCCULTISME, SPIRITUALITÉ	LES LIQUIDES, LES GAZ LES PRODUITS SYNTHÉTIQUES LES TRUST, L'ESPIONNAGE LES STUPÉFIANTS LE PÉTROLE BRUT
☽ LUNE	PERSONNALITÉ, IMAGINATION	LE PEUPLE, LA FOULE LES NAISSANCES
♇ PLUTON	TRANSFORMATION, DESTRUCTION POUR REBÂTIR	LES GRANDS BOULEVERSEMENTS LA PURIFICATION PAR LA DOULEUR

COMMENT TROUVER VOTRE ASCENDANT
SANS CALCUL

Le tableau qui suit vous permet de trouver votre ascendant sans effectuer de calcul.

Il importe toutefois de tenir compte des heures d'été et du temps de guerre, du 30 septembre 1940 au 30 septembre 1945.

Il faut retrancher une heure pour les naissances survenues durant cette période.

Pour éviter toute erreur, notamment en cas de naissance hors Québec, informez-vous auprès d'un astrologue1.

1   Tableau extrait de *Psychologie zodiacale* de Robert Dax.

TABLEAU DES ASCENDANTS

DATE DE NAISSANCE	AS «CAPRICORNE»	AS «VERSEAU»	AS «POISSONS»	AS «BELIER»	AS «TAUREAU»	AS «GEMEAUX»
JANVIER						
Du 1er au 10	de 6h50 à 8h40	de 8h40 à 10h	de 10h à 11h	de 11h à 12h	de 12h à 13h20	de 13h20 à 15h
Du 10 au 20	de 6h à 8h	de 8h à 9h20	de 9h20 à 10h20	de 10h20 à 11h20	de 11h20 à 12h40	de 12h40 à 14h30
Du 20 au 31	de 5h20 à 7h15	de 7h15 à 8h40	de 8h10 à 9h40	de 9h40 à 10h30	de 10h30 à 12h	de 12h à 13h10
FEVRIER						
Du 1er au 10	de 5h à 6h40	de 6h10 à 8h	de 8h à 9h	de 9h à 10h	de 10h à 11h20	de 11h20 à 13h
Du 10 au 20	de 4h15 à 6h	de 6h à 7h20	de 7h20 à 8h20	de 8h20 à 9h20	de 9h20 à 10h40	de 10h40 à 12h30
Du 20 au 28	de 3h40 à 5h30	de 5h30 à 6h45	de 6h45 à 7h45	de 7h45 à 8h45	de 8h45 à 10h10	de 10h10 à 12h
MARS						
Du 1er au 10	de 3h à 4h45	de 4h45 à 6h15	de 6h15 à 7h15	de 7h15 à 8h	de 8h à 9h30	de 9h30 à 11h15
Du 10 au 20	de 2h30 à 4h10	de 4h10 à 5h30	de 5h30 à 6h30	de 6h30 à 7h30	de 7h30 à 8h15	de 8h15 à 10h30
Du 20 au 31	de 1h30 à 3h30	de 3h30 à 4h45	de 4h45 à 5h45	de 5h15 à 6h15	de 6h45 à 8h	de 8h à 9h50
AVRIL						
Du 1er au 10	de 1h à 2h30	de 2h30 à 4h	de 4h à 5h	de 5h à 6h	de 6h à 7h20	de 7h20 à 9h
Du 10 au 20	de 0h à 2h	de 2h à 3h20	de 3h20 à 4h20	de 4h20 à 5h20	de 5h20 à 6h40	de 6h40 à 8h30
Du 20 au 30	de 23h30 à 1h30	de 1h30 à 2h40	de 2h40 à 3h40	de 3h40 à 4h40	de 4h40 à 6h	de 6h à 7h40
MAI						
Du 1er au 10	de 23h à 0h45	de 0h45 à 2h	de 2h à 3h	de 3h à 4h	de 4h à 5h30	de 5h30 à 7h
Du 10 au 20	de 22h15 à 0h	de 0h à 1h25	de 1h25 à 2h25	de 2h25 à 3h20	de 3h20 à 4h50	de 4h50 à 6h30
Du 20 au 31	de 21h40 à 23h30	de 23h30 à 0h45	de 0h45 à 1h45	de 1h45 à 2h45	de 2h45 à 4h	de 4h à 6h
JUIN						
Du 1er au 10	de 21h à 22h45	de 22h15 à 0h	de 0h à 1h	de 1h à 2h	de 2h à 3h25	de 3h25 à 5h15
Du 10 au 20	de 20h10 à 22h	de 22h à 23h25	de 23h25 à 0h25	de 0h25 à 1h25	de 1h25 à 2h45	de 2h45 à 4h30
Du 20 au 30	de 19h40 à 21h25	de 21h25 à 22h45	de 22h45 à 23h45	de 23h45 à 0h45	de 0h45 à 2h	de 2h à 3h50
JUILLET						
Du 1er au 10	de 19h à 20h50	de 20h50 à 22h10	de 22h10 à 23h10	de 23h10 à 0h10	de 0h10 à 1h30	de 1h30 à 3h20
Du 10 au 20	de 18h30 à 20h10	de 20h10 à 21h30	de 21h30 à 22h30	de 22h30 à 23h30	de 23h30 à 1h	de 1h à 2h40
Du 20 au 31	de 17h30 à 19h20	de 19h20 à 20h40	de 20h40 à 21h40	de 21h40 à 22h40	de 22h40 à 0h	de 0h à 1h50
AOUT						
Du 1er au 10	de 17h à 18h45	de 18h45 à 20h	de 20h à 21h	de 21h à 22h	de 22h à 23h25	de 23h25 à 1h15
Du 10 au 20	de 16h15 à 18h	de 18h à 19h25	de 19h25 à 20h25	de 20h25 à 21h25	de 21h25 à 22h45	de 22h15 à 0h30
Du 20 au 31	de 15h30 à 17h20	de 17h20 à 18h46	de 18h40 à 19h40	de 19h40 à 20h40	de 20h40 à 22h	de 22h à 23h45
SEPTEMBRE						
Du 1er au 10	de 15h à 17h40	de 17h40 à 18h	de 18h à 19h	de 19h à 20h	de 20h à 21h30	de 21h30 à 23h15
Du 10 au 20	de 14h15 à 16h	de 16h à 17h30	de 17h30 à 18h30	de 18h30 à 19h25	de 19h25 à 20h45	de 20h45 à 22h30
Du 20 au 30	de 13h30 à 15h20	de 15h20 à 16h40	de 16h40 à 17h40	de 17h40 à 18h40	de 18h40 à 20h	de 20h à 21h40
OCTOBRE						
Du 1er au 10	de 13h à 14h45	de 14h45 à 16h	de 16h à 17h	de 17h à 18h	de 18h à 19h20	de 19h20 à 21h15
Du 10 au 20	de 12h20 à 14h	de 14h à 15h20	de 15h20 à 16h20	de 16h20 à 17h20	de 17h20 à 18h45	de 18h45 à 20h30
Du 20 au 31	de 11h40 à 13h20	de 13h20 à 14h40	de 14h40 à 15h40	de 15h40 à 16h40	de 16h10 à 18h	de 18h à 20h
NOVEMBRE						
Du 1er au 10	de 11h à 12h15	de 12h45 à 14h	de 14h à 15h	de 15h à 16h	de 16h à 17h25	de 17h25 à 19h
Du 10 au 20	de 10h20 à 12h	de 12h à 13h20	de 13h20 à 14h30	de 14h30 à 15h20	de 15h20 à 16h45	de 16h15 à 18h30
Du 20 au 30	de 9h30 à 11h20	de 11h20 à 12h40	de 12h40 à 13h50	de 13h50 à 14h40	de 14h40 à 16h	de 16h à 17h45
DECEMBRE						
Du 1er au 10	de 9h à 10h45	de 10h45 à 12h	de 12h à 13h10	de 13h10 à 14h	de 14h à 15h30	de 15h30 à 17h10
Du 10 au 20	de 8h15 à 10h	de 10h à 11h20	de 11h20 à 12h30	de 12h30 à 13h25	de 13h25 à 14h50	de 14h50 à 16h30
Du 20 au 31	de 7h30 à 9h20	de 9h20 à 10h40	de 10h40 à 11h40	de 11h40 à 12h40	de 12h40 à 14h	de 14h à 16h45

TABLEAU DES ASCENDANTS

DATE DE NAISSANCE	AS • CANCER •	AS • LION •	AS • VIERGE •	AS • BALANCE •	AS • SCORPION •	AS • SAGITTAIRE •
JANVIER						
Du 1er au 10	de 15h à 17h40	de 17h40 à 20h20	de 20h20 à 23h	de 23h à 1h40	de 1h40 à 4h20	de 4h20 à 6h50
Du 10 au 20	de 14h30 à 17h	de 17h à 19h40	de 19h40 à 22h20	de 22h20 à 1h	de 1h à 3h40	de 3h40 à 6h
Du 20 au 31	de 13h40 à 16h20	de 16h20 à 19h	de 19h à 21h30	de 21h30 à 0h15	de 0h15 à 2h50	de 2h50 à 5h20
FEVRIER						
Du 1er au 10	de 13h à 15h40	de 15h10 à 18h20	de 18h20 à 21h	de 21h à 23h40	de 23h40 à 2h20	de 2h20 à 5h
Du 10 au 20	de 12h30 à 15h	de 15h à 17h40	de 17h40 à 20h20	de 20h20 à 23h	de 23h à 1h40	de 1h40 à 4h15
Du 20 au 28	de 12h à 14h30	de 14h30 à 17h	de 17h à 19h45	de 19h45 à 22h30	de 22h30 à 1h10	de 1h10 à 3h40
MARS						
Du 1er au 10	de 11h15 à 14h	de 14h à 16h15	de 16h15 à 19h15	de 19h15 à 22h	de 22h à 0h30	de 0h30 à 3h
Du 10 au 20	de 10h30 à 13h15	de 13h15 à 15h30	de 15h30 à 18h30	de 18h30 à 21h15	de 21h15 à 23h45	de 23h45 à 2h30
Du 20 au 31	de 9h50 à 12h30	de 12h30 à 15h	de 15h à 17h45	de 17h45 à 20h30	de 20h30 à 23h	de 23h à 1h30
AVRIL						
Du 1er au 10	de 9h à 11h45	de 11h45 à 14h15	de 14h15 à 17h	de 17h à 19h40	de 19h40 à 22h15	de 22h15 à 1h
Du 10 au 20	de 8h30 à 11h	de 11h à 13h40	de 13h40 à 16h20	de 16h20 à 19h	de 19h à 21h30	de 21h30 à 0h
Du 20 au 30	de 7h40 à 10h30	de 10h30 à 13h	de 13h à 15h40	de 15h40 à 18h20	de 18h20 à 21h	de 21h à 23h30
MAI						
Du 1er au 10	de 7h à 9h45	de 9h45 à 12h15	de 12h15 à 15h	de 15h à 17h50	de 17h50 à 20h20	de 20h20 à 23h
Du 10 au 20	de 6h30 à 9h10	de 9h10 à 11h40	de 11h40 à 14h30	de 14h30 à 17h10	de 17h10 à 19h45	de 19h15 à 22h15
Du 20 au 31	de 6h à 8h25	de 8h25 à 11h	de 11h à 13h45	de 13h45 à 16h25	de 16h25 à 19h	de 19h à 21h40
JUIN						
Du 1er au 10	de 5h15 à 7h45	de 7h45 à 10h20	de 10h20 à 13h	de 13h à 15h45	de 15h45 à 18h25	de 18h25 à 21h
Du 10 au 20	de 4h30 à 7h10	de 7h10 à 9h45	de 9h45 à 12h30	de 12h30 à 15h10	de 15h10 à 17h45	de 17h45 à 20h10
Du 20 au 31	de 3h50 à 6h30	de 6h30 à 9h	de 9h à 11h45	de 11h45 à 14h30	de 14h30 à 17h	de 17h à 19h40
JUILLET						
Du 1er au 10	de 3h20 à 5h50	de 5h50 à 8h30	de 8h30 à 11h10	de 11h10 à 13h50	de 13h50 à 16h30	de 16h30 à 19h
Du 10 au 20	de 2h40 à 5h10	de 5h10 à 7h45	de 7h45 à 10h30	de 10h30 à 13h10	de 13h10 à 15h45	de 15h45 à 18h30
Du 20 au 31	de 1h50 à 4h20	de 4h20 à 7h	de 7h à 9h40	de 9h40 à 12h20	de 12h20 à 15h	de 15h à 17h30
AOUT						
Du 1er au 10	de 1h15 à 3h45	de 3h45 à 6h20	de 6h20 à 9h	de 9h à 11h45	de 11h45 à 14h25	de 14h25 à 17h
Du 10 au 20	de 0h30 à 3h	de 3h à 5h45	de 5h45 à 8h25	de 8h25 à 11h	de 11h à 13h40	de 13h40 à 16h15
Du 20 au 31	de 23h45 à 2h30	de 2h30 à 5h	de 5h à 7h40	de 7h40 à 10h30	de 10h30 à 13h	de 13h à 15h30
SEPTEMBRE						
Du 1er au 10	de 23h15 à 2h	de 2h à 4h20	de 4h20 à 7h	de 7h à 9h50	de 9h50 à 12h20	de 12h20 à 15h
Du 10 au 20	de 22h30 à 1h	de 1h à 3h40	de 3h40 à 6h20	de 6h20 à 9h	de 9h à 11h30	de 11h30 à 1h15
Du 20 au 30	de 21h40 à 0h30	de 0h30 à 3h	de- 3h à 5h40	de 5h40 à 8h20	de 8h20 à 11h	de 11h à 13h30
OCTOBRE						
Du 1er au 10	de 21h15 à 23h45	de 23h45 à 2h15	de 21h5 à 5h	de 5h à 7h45	de 7h45 à 10h20	de 10h20 à 13h
Du 10 au 20	de 20h30 à 23h10	de 23h10 à 1h45	de 1h à 4h25	de 4h25 à 7h10	de 7h10 à 9h40	de 9h40 à 12h20
Du 20 au 31	de 20h à 22h30	de 22h30 à 1h	de 1h à 3h40	de 3h40 à 6h30	de 6h30 à 9h	de 9h à 11h40
NOVEMBRE						
Du 1er au 10	de 19h à 21h45	de 21h45 à 0h25	de 0h25 à 3h	de 3h à 5h50	de 5h50 à 8h20	de 8h20 à 11h
Du 10 au 20	de 18h30 à 21h10	de 21h10 à 23h10	de 23h40 à 2h25	de 2h25 à 5h	de 5h à 7h45	de 7h45 à 10h20
Du 20 au 30	de 17h45 à 20h30	de 20h30 à 23h	de 23h à 1h40	de 1h40 à 4h20	de 4h20 à 7h	de 7h à 9h30
DECEMBRE						
Du 1er au 10	de 17h10 à 19h50	de 19h50 à 22h20	de 22h20 à 1h	de 1h à 3h50	de 3h50 à 6h25	de 6h25 à 9h
Du 10 au 20	de 16h30 à 19h10	de 19h10 à 21h40	de 21h40 à 0h25	de 0h25 à 3h10	de 3h10 à 5h45	de 5h45 à 8h15
Du 20 au 31	de 16h15 à 18h30	de 18h30 à 21h	de 21h à 23h40	de 23h40 à 2h20	de 2h20 à 5h	de 5h à 7h30

SIGNES PARCOURUS PAR LES PLANÈTES EN 1993

SIGNES PARCOURUS PAR MERCURE EN 1993

Janvier: Du 28 degrés Sagittaire, Capricorne au 17 degrés Verseau.
Février: Du 19 degrés Verseau au 24 degrés Poissons RX.
Mars: Du 24 degrés Poissons au 13 degrés Poissons RX.
Avril: Du 14 degrés Poissons au 23 degrés Bélier.
Mai: Du 25 degrés Bélier au 27 degrés Gémeaux.
Juin: Du 28 degrés Gémeaux au 28 degrés Cancer.
Juillet: Du 28 degrés Gémeaux au 19 degrés Gémeaux RX.
Août: Du 20 degrés Cancer, Lion au 10 degrés Vierge.
Septembre: Du 12 degrés Vierge au 29 degrés Balance.
Octobre: Du 0 degré Scorpion au 20 degrés Scorpion RX.
Novembre: Du 19 degrés Scorpion au 20 degrés Scorpion RX.
Décembre: Du 21 Scorpion, Sagittaire au 07 degrés Capricorne.

SIGNES PARCOURUS PAR VÉNUS EN 1993

Janvier: Du 27 degrés Verseau au 28 degrés Poissons.
Février: Du 29 degrés Poissons au 17 degrés Bélier.
Mars: Du 18 degrés Bélier au 12 degrés Bélier RX.
Avril: Du 11 degrés Bélier au 04 degrés Bélier RX.
Mai: Du 05 degrés Bélier au 24 degrés Bélier.
Juin: Du 25 degrés Bélier au 24 degrés Taureau.
Juillet: Du 25 degrés Taureau au 28 degrés Gémeaux.
Août: Du 29 degrés Gémeaux, Cancer au 04 degrés Lion.
Septembre: Du 05 degrés Lion au 10 degrés Vierge.
Octobre: Du 12 degrés Vierge au 19 degrés Balance.
Novembre: Du 20 degrés Balance au 26 degrés Scorpion.
Décembre: Du 28 degrés Scorpion, Sagittaire au 05 degrés Capricorne.

SIGNES PARCOURUS PAR MARS EN 1993

Janvier: Du 20 degrés Cancer au 10 degrés Cancer RX.
Février: Du 09 degrés Cancer au 09 degrés Cancer RX.

Mars: Du 09 degrés cancer au 18 degrés Cancer D.
Avril: Du 18 degrés Cancer au 01 degré Lion.
Mai: Du 01 degré Lion au 17 degrés Lion.
Juin: Du 17 degrés Lion au 04 degrés Vierge.
Juillet: Du 04 degrés Vierge au 22 degrés Vierge.
Août: Du 23 degrés Vierge au 12 degrés Balance.
Septembre: Du 13 degrés Balance au 02 degrés Scorpion.
Octobre: Du 02 degrés Scorpion au 23 degrés Scorpion.
Novembre: Du 24 degrés Scorpion au 15 degrés Sagittaire.
Décembre: Du 16 degrés Sagittaire au 08 degrés Capricorne.

SIGNES PARCOURUS PAR JUPITER EN 1993

Du 1er janvier au 29 janvier: deuxième décan de la Balance.
Du 30 janvier au 1er juin: premier et deuxième décans de la Balance, mais RX.
Du 1er juin au 10 novembre: premier, deuxième et troisième décans de la Balance.
Du 11 novembre au 31 décembre: premier décan du Scorpion.

SIGNES PARCOURUS PAR SATURNE EN 1993

Du 1er janvier au 21 mai: deuxième et troisième décans du Verseau D.
Du 20 mai au 1er juillet: le 0 degré des Poissons RX.
Du 2 juillet au 28 octobre: troisième décan du Verseau RX.
Du 28 octobre au 31 décembre: troisième décan du Verseau D.

SIGNE PARCOURU PAR URANUS EN 1993

Toute l'année, deuxième et troisième décans du Capricorne.

SIGNE PARCOURU PAR NEPTUNE EN 1993

Toute l'année, deuxième et troisième décans du Capricorne.

SIGNE PARCOURU PAR PLUTON EN 1993

Toute l'année: troisième décan du Scorpion.

N.B. Lorsque vous avez l'indicatif D, c'est que la planète est en mouvement direct. De cette façon, elle a sa pleine puissance.

Lorsque vous avez l'indicatif RX, c'est que la planète est en mouvement rétrograde. De cette façon, elle perd de sa puissance.

MOUVEMENT DES PLANÈTES LOURDES

JUPITER: autorité légale et financière parcourt le signe de la Balance.

En astrologie mondiale, Jupiter est une planète dont le passage dans les signes a une influence notable. Habituellement, cet astre ne reste pas plus d'un an dans l'atmosphère de chaque division, alors cette année, cette planète souligne l'importance du 7e circuit solaire.

Voici son parcours: du 1er janvier au 10 novembre, ce Grand Bénéfique traverse complètement le signe de la Balance pour enfin se reposer à la fin de l'année dans le signe du Scorpion.

Dès le début de l'année, Jupiter en Balance va entraîner l'humanité à édifier des structures nouvelles qui auront une influence notable du point de vue politique, économique, social et culturel. Certains gouvernements en ressortiront plus solides et plus efficaces devant les difficultés. Grâce à la protection conférée par cet astre, le monde ne plongera pas dans l'abîme, mais va entrer dans une phase décisive de son histoire. Cette configuration s'adresse autant au gens du peuple qu'aux classes dirigeantes. Généralement, les chefs d'États et leurs fonctionnaires montrent plus de dignité, de compréhension et de bon sens. On essaie de voter des lois justes, équitables en faveur du peuple. On encourage également la population à acheter des produits nationaux et à s'autosuffire.

Cependant entre le 1er janvier et le 28 avril, notre Grand Bénéfique recevra un aspect adverse de Mars situé dans le signe du Cancer, également il sera sous les influences incertaines d'Uranus et de Neptune toujours placés dans le Capricorne. Il convient donc d'en étudier soigneusement les effets qui sont d'une nature soudaine et inattendue et oriente l'humanité vers son destin du XXIe siècle.

SUR LE PLAN INDIVIDUEL

Jupiter en Balance marque une excellente période où tout ce qui constituait une frustration, une limitation ou un obstacle quelconque aux légitimes désirs de réalisation et d'expansion tend à disparaître sous l'impulsion de courants financiers généreux mieux adaptés aux besoins de tous. L'étreinte de la fatalité se relâche; tout se révèle plus facile et plus régulier pour ceux qui désirent s'établir sur des bases solides. Tout en gardant leurs principes, les gens deviennent ouverts aux idées nouvelles, plus tolérants envers les autres. Ils essaient de s'entraider et d'améliorer leur sort à tout point de vue. Dans un premier temps, la famille et la vie sociale prennent de l'importance; on cherche à se regrouper. On devient généreux envers ceux qui nous touchent de près.

Sur le plan des faits, les influences de Jupiter peuvent être favorables aux personnes qui s'occupent de constructions matérielles, d'art, de justice et de politique.

Cette année, tout devra être établi sur des bases concrètes et solides. En d'autres termes, chaque individu doit trouver son idéal à partir duquel il pourra commencer à agir socialement de manière plus dynamique et plus créative.

Pour les restaurateurs, les hôteliers et les commerçants de produits synthétiques ou ménagers, le passage de cette planète est un facteur de chance, de réussite, d'expansion et de profits matériels. Les démarches, sollicitations de tout genre ont toutes les chances d'aboutir ainsi que les conclusions d'affaires importantes.

SUR LE PLAN CULTUREL

La culture prendra également une nouvelle direction, et apparaîtra comme un mélange d'ancien et de supermoderne. On verra le retour de la scolastique et des penseurs intouchables. L'éducation jouira d'une nouvelle faveur de la part des autorités gouvernementales. La jeunesse et le monde étudiant se trouveront dans une excellente période pour obtenir gain de cause face à leurs sollicitations. On tendra de plus en plus à s'occuper intensément des plus doués et à les séparer des moins aptes.

En art, les couleurs froides ou atténuées seront remplacées par des couleurs chaudes et douces, des tons rouges, orangés, jaunes et bleus rassurants.

Dans le domaine de la mode, on verra le retour des grands chapeaux et des coiffures volumineuses qui donnent prestige et élégance. Les cheveux seront plus courts ou très longs et, en général, les vêtements seront mieux définis, avec des angles et des épaules très larges. Cependant, le masculin et le féminin seront de nouveau franchement distingués, contrairement à ce qui se passe aujourd'hui. On portera de nouveau la fine lingerie garnie de soie brillante. Les parures les plus appréciées seront les bijoux et les fourrures, le cuir, les tissus surchargés et ornés de pierreries. Les femmes comme les hommes aimeront se couvrir de bijoux, parfois avec exagération. Le luxe règnera tout comme les parfums doux et chaleureux. La mode sera une question d'élégance et de loisir où l'originalité prédominera sur l'uniformité. Les vêtements masculins ressembleront de plus en plus à des costumes de cérémonie.

Dans le domaine de la santé, on n'envisagera plus les problèmes à moitié comme on est porté à le faire maintenant. La population paraîtra plus saine et équilibrée. Les problèmes rénaux et ceux de la peau retiendront tout particulièrement l'attention.

L'amour et le mariage seront plus une question de prestige ou d'intérêts que de choix sentimental. On tentera d'éviter les mariages trop précoces et l'on verra disparaître peu à peu les manifestations de la passion amoureuse.

En résumé, l'enjeu, durant ce cycle de Jupiter en Balance met en relief les questions collectives, judiciaires, les arts et la politique. Le mariage et les contrats seront favorisés. De plus, les gouvernements adapteront une politique d'équité visant la paix et l'harmonie.

SATURNE: autorité politique couvre le troisième décan du signe du verseau.

Pour 1993, Saturne, astre symbolisant la politique, l'administration, les propriétés foncières, les mines et carrières, poursuit son parcours dans le signe du Verseau. En astrologie mondiale, le signe du Verseau régit les syndicats, les grandes administrations et l'industrie moderne (électricité, radio, ondes, automobile, aviation, astrologie, etc.). À quoi peut-on s'attendre en 1993? Dans un premier temps, on peut s'attendre à l'arrivée au pouvoir de principes régénérateurs très inspirés qui s'appuient sur des facteurs plus psychiques que matériels. La religion et la politique semblent faire bon ménage et le monde se donne un nouveau Dieu dans sa formule politique qui se tournera davantage vers de nouveaux idéaux, car il a besoin de croire et faire confiance en l'avenir de l'humanité ainsi qu'aux valeurs spirituelles. En d'autres termes, Saturne en Verseau donnera une tonalité optimiste aux formes d'organisations sociales, nationales et internationales.

Les nations devraient avoir réalisé progressivement, depuis les dernières années, la valeur réelle de leur mode de vie et s'être préparées à introduire les changements nécessaires qui permettraient une relation plus libre, simple et créatrice entre l'individu et la société.

Ce qui se développera dans les prochaines années dépendra de 1993, car Saturne en Verseau se rapporte à l'effort de spiritualiser la matière ou de matérialiser l'esprit; action contraire qui précise bien les influences de Saturne dans un domaine Uranien.

Bref, nous pouvons connaître une élaboration des structures physiques, psychologiques et sociales dans lesquelles pourront s'intégrer plus de compassion et d'amour universel.

Dans un deuxième temps, le monde sera susceptible de voir surgir des affrontements politiques et sociaux très aigus et violents. L'arrivée au pouvoir de dictateurs impénétrables risque d'abaisser les valeurs morales et politiques. Toutefois, ces gens qui abuseront de la confiance des autres seront vite démasqués. Sous les influences contradictoires de Pluton dans le signe du Scorpion (automne 1993), nous verrons naître un ralentissement dans le domaine de l'économie et dans les milieux syndicaux. Il sera difficile d'arriver à des accords. On peut également s'attendre à une crise possible au sein du monde de l'aviation, de l'informatique, de la radio et de la télévision voire même des milieux de la communication en général. Malgré tous ces problèmes, l'humanité ne perdra pas espoir et continuera à édifier ses structures nouvelles, avec force et ténacité.

LES ÉCLIPSES EN 1993

ÉCLIPSES SOLAIRES:

21 mai à 0 degré GMT des Gémeaux

13 novembre à 21 degrés GMT du Scorpion

ÉCLIPSES LUNAIRES:

   4 juin à 14 degrés GMT Sagittaire

   29 novembre à 7 degrés GMT Gémeaux

Quelques prévisions tirées de la carte du ciel des éclipses solaires

Éclipse solaire du 21 mai à 0 degré GMT des Gémeaux

Au cours de ce mois, l'économie mondiale sera encore en difficulté. L'inflation, notamment au Canada et aux États-Unis, relèvera plus fortement l'intérêt des chefs d'États. En effet, nous sommes toujours en période de récession et les charges gouvernementales et sociales sont de plus en plus lourdes. Au Canada, il y aura une baisse du dollar par rapport au dollar US.

Vu d'un autre angle, les gens, en général, auront un grand besoin d'action, de liberté et de vie nouvelle. Chacun accueillera avec enthousiasme toute perspective de changement, de réforme et de progrès.

Entre le mois de mai et le mois d'août, les voyages en avion seront favorisés car on peut être assuré à ce moment d'une sécurité aérienne absolue. De plus, les gens à l'œuvre dans les entreprises en rapport avec l'électricité, l'électronique, la radio, la télé, les travaux de hautes techniques jouiront d'un climat favorable pour faciliter leur ascension sociale. Il faudra en profiter, car les mois à venir s'annoncent beaucoup plus tendus dans ce domaine.

Éclipse solaire du 13 novembre à 21 degrés GMT Scorpion

Si je me réfère à la carte astrologique du Canada, la situation sociale et politique signalée par l'éclipse solaire précédente ne sera pas modifiée. On entendra parler également de référendum sur la séparation du Québec ou tout autre forme de proposition séparatiste. En même temps, le gouvernement Mulroney aura à se préoccuper sérieusement de la situation économique du pays qui ne sera guère améliorer depuis le début de l'année.

Par ailleurs, ce cycle s'annonce propice aux petites entreprises reliées à l'alimentation. On pourra facilement augmenter le chiffre d'affaires. De plus, les commerces qui offrent des articles de sports saisonniers atteindront facilement tous leurs objectifs. Par contre, aux États-Unis en particulier, les conditions atmosphériques vont être sérieusement perturbées: tempêtes, raz de marée, destructions de récoltes et tremblements de terre. En résumé, vous pouvez vous attendre à tout, non seulement sur le plan économique mais aussi face aux caprices de Dame Nature.

LES ÉVÉNEMENTS QUI MARQUERONT LE CANADA

Le thème astral du Canada, érigé pour le 1er juillet 1867 à 0 h 00, selon l'Acte de l'Amérique du Nord Britannique, présente plusieurs perspectives intéressantes pour 1993. D'une part, nous avons toujours l'action vive de Neptune et Uranus dans le secteur social du Canada. Puis, nous avons l'entrée de Saturne dans un des secteurs économiques du Pays, accentué par un Jupiter très puissant en Balance. En vérité, 1993 va encore être une année importante pour l'histoire du Canada, année qui ne sera pas facile, bien entendu. En d'autres mots, le Canada ne s'achemine pas vers une révolution, mais vers une autre révision de sa Constitution, dont il ressortira tout à fait transformé dans les années 1994 et 1995.

Entre le mois de janvier et juin, un Saturne puissant entravera les initiatives de Monsieur Brian Mulroney. Cependant, il devra malgré tout faire un effort pour

s'occuper davantage de la situation économique qui ne
sera guère améliorée comparativement à 1992. En outre,
une reprise économique est à souhaiter pour les bienfaits de tous. Aux alentours d'avril, le Premier ministre
pourra contracter certaines alliances avec les États-Unis
et les marchés européens, afin de connaître une certaine
stabilité monétaire et financière, une reprise industrielle
qui serait susceptible de durer quelques mois. Il va sans
dire que le gouvernement mettra en branle de nombreux
mécanismes utiles à l'organisation d'une économie nouvelle. On cherchera évidemment à combler les déficits.

Par ailleurs, de nouvelles charges fiscales, de nouvelles taxes et des mesures financières restrictives seront annoncées.

Au printemps notamment, le gouvernement est en
butte à des difficultés et à des oppositions qui s'affir-
ment; la tension politique s'accentue et l'atmosphère est
tellement explosive que le gouvernement cherche à se
libérer de certaines charges internationales, en ouvrant
de nouveaux débouchés au commerce du pays. La province de Québec également traversera une période très
critique et aura de la peine à respecter certains engagements financiers ou commerciaux. Les milieux de l'éducation, du monde artistique et des étudiants montrent
plus d'agressivité. Bref, entre mars et juin, cette période
sera politiquement très difficile, les affrontements et les
conflits entre syndicats et autorités gouvernementales
seront sans fin. Il y aura donc beaucoup d'agitation au
sein du gouvernement et il sera encore question d'indépendance au Québec. La période critique sera à son
apogée lors des mois de septembre et de novembre.

Dans un deuxième temps, le Canada et le Québec
devront affronter une série de grèves qui porteront un
coup sévère à l'économie du pays.

Au Québec, 1993 correspondra plus à la prise de
conscience de la nécessité et de la probabilité d'une
séparation de la province qu'à sa réalisation. Il faudra

encore quelques années pour concrétiser ce désir, et pour que le gouvernement au pouvoir puisse mettre en place les éléments qui amèneront ces changements majeurs.

En résumé, 1993 sera encore une autre année en dents de scie pour le pouvoir. Le chef du gouvernement entreprendra en avril des réformes visant à donner à son pays une plus grande autonomie politique. Mais réussira-t-il?

L'ANNÉE DE LA BALANCE

Si vous êtes né entre le 23 septembre et le 23 octobre, c'est votre année.

Cher Balance, cette année vous aurez envie de jouer à fond la carte du changement. Et dans bien des domaines, les planètes vous soutiendront. Mais cela ne devrait pas vous empêcher de faire preuve de prudence et de réflexion dans un monde aussi agité que le nôtre...

JUPITER

Le «grand bénéfique» sera dans votre signe jusqu'au 10 novembre ce qui vous ouvre des perspectives intéressantes.

Mais à première vue seulement! Dans votre signe, Jupiter sera en difficulté puisqu'il formera, dans les premiers mois de l'année, un mauvais aspect à Uranus, Neptune et Mars. Et cela risque de vous jouer de vilains tours. Aussi, vous feriez bien d'examiner très soigneusement toutes les propositions ou les offres qui vont se présenter dans votre vie amoureuse, sociale et professionnelle. Beaucoup d'entre elles seront surfaites et ne vous mèneront pas bien loin. Pire! vous pourriez à cause d'elles, lâcher la proie pour l'ombre et vous en mordre les doigts.

Après juin, Jupiter sera moins en difficulté mais il annonce une vie familiale, amoureuse et sociale assez mouvementée. Mais ce ne sera pas vous qui vous en plaindrez! Bien au contraire!

Cette planète de l'expansion vous permettra de lier connaissance avec des personnes intéressantes ou bien poussé par le désir d'agir sur votre environnement, vous déciderez peut-être d'adhérer à une organisation influente. Ce qui vous prendra beaucoup de temps, mais aura le mérite de vous changer les idées. Vous aurez l'impression réconfortante de vous rendre utile.

SATURNE

La planète de l'austérité séjournera en Verseau. Cela vous donnera officiellement l'envie de régler certaines situations sur le plan social ou affectif. Parallèlement, Saturne vous incitera à approfondir vos connaissances et vous ne ménagerez pas vos efforts pour vous recycler, si l'occasion vous en est donnée. D'autant plus que Jupiter dans votre signe jusqu'au 10 novembre vous donnera de l'énergie à revendre.

Mais voyager, nouer et entretenir des contacts culturels avec des étrangers pourraient aussi occuper une grande partie de vos loisirs. Tout dépendra de l'orientation que vous donnerez à votre vie. Pluton, toujours dans son domicile dans le signe du Scorpion, vous permettra de mieux cerner vos désirs et d'agir en conséquence.

Toute l'année, Saturne dans votre maison solaire V, ne recevra aucun rayons dissonants. Ne vous étonnez pas de vous découvrir très ambitieux, notamment si vous appartenez au troisième décan. Vous ne manquerez pas de suite dans les idées et vous ne ménagerez pas vos efforts, pour arriver à vous fins. Bravo! C'est ainsi que vous ferez d'étonnants progrès.

Mais évidemment vous aurez moins de temps à consacrer aux frivolités de la vie. Si vous êtes célibataire, pas de problème. Vous vous arrangerez pour que personne ne souffre de vos absences répétées.

Mais il n'en ira pas de même si vous êtes marié! Votre partenaire aura du mal à admettre votre nouveau style de vie qui vous transforme en courant d'air.

Si vous tenez à éviter un drame, efforcez-vous de tenir compte aussi des besoins affectifs de votre famille. Sinon, gare à vous!

Et si, pensant faire plaisir à tout le monde, vous pensez déménager dans un appartement plus grand, faites soigneusement vos comptes, avant de signer un nouveau bail. Sinon, avec un loyer trop élevé, vous n'arriverez pas à joindre les deux bouts.

MARS

La planète de l'énergie et de l'action vous stimulera lorsqu'elle formera un bon aspect avec votre signe solaire. Du 28 avril au 23 juin, elle sera dans votre signe du 12 août au 27 septembre.

Vous vous sentirez une âme de conquérant et vous n'hésiterez pas à prendre de gros risques, dans tous les domaines. Veillez tout de même à ne pas vous laisser entraîner par votre enthousiasme. Un peu de réflexion vous épargnera les déboires dûs à une énergie martienne mal endiquée.

Si vous avez un parent ou un ami né sous le signe de la Balance

Être le parent ou l'ami d'un natif de la Balance, c'est sûrement stimulant; amusant, déroutant, enthousiasmant ou désopilant, mais jamais monotone. Quand vous ne voyez que deux façons de résoudre un problème, lui en trouve souvent une troisième, inattendue, voire farfelue, mais finalement, pas si bête que cela! Et c'est justement ce qui fait le charme de ce signe d'air!

Il n'aime pas la routine et se plie difficilement aux conventions. Des traditions, il s'en moque un peu et il n'a pas son pareil pour fermer la porte aux tabous.

S'il se fait souvent, par plaisir de choquer, l'avocat du diable, il saura aussi mettre toute son énergie à défendre une cause qui lui paraîtra juste. Et tant pis s'il y laisse des plumes.

C'est un sincère dans ses amitiés et amours, un libéral dans ses conceptions de la vie. Tolérant, il est ouvert aux autres et leur fait confiance, s'il juge bon.

En amour, c'est un sentimental. Cependant, il a besoin de liberté et de considération de la part de son partenaire, et particulièrement, il entend faire respecter son indépendance. Et les communications intellectuelles sont plus importantes pour lui que l'attirance physique.

Il a du charme et sait profiter de la vie. Créatif, imaginatif, et volontiers novateur, il se rencontre souvent chez les scientifiques, les médecins et les hommes politiques.

Si vous en connaissez autour de vous, offrez-leur le livre des prévisions sur la Balance 1993 à l'occasion de la nouvelle année. Cela les aidera à mieux profiter des chances que leur offrira l'année 1993.

VOTRE TRAVAIL ET LE MOUVEMENT DES PLANÈTES

L'influence des planètes en phase de rétrogradation n'est jamais bonne, même si elle ne se fait pas sentir de façon brutale. Aussi, aujourd'hui, en cette période de crise, il est plus que jamais nécessaire de ne pas se créer de problèmes inutiles, notamment dans le domaine professionnel, secteur chaud, s'il en est un!

Vous trouverez ci-dessous la liste des professions régies par les différentes planètes, ainsi que les périodes de rétrogradation de chaque planète en 1993.

Chaque fois que la planète qui gouverne votre métier ou profession rétrograde, abstenez-vous de prendre des décisions importantes. Profitez-en pour réviser vos positions, modifier vos plans ou prendre de sages résolutions en application dès que cette planète reprendra son mouvement direct.

LES PLANÈTES QUI RÉGISSENT VOTRE MÉTIER OU VOTRE PROFESSION

LE SOLEIL Cet astre est lié au travail administratif, bancaire et aux grosses affaires. Il concerne aussi tout ce qui touche au patrimoine, aux loisirs et à la joaillerie.

LA LUNE représente les boulangers, les concierges et les gardiens, les ouvriers du bâtiment, les industriels, les agriculteurs, les marins, les commerçants, les restaurateurs et les femmes en général.

MERCURE est la planète des architectes, des écrivains, des éditeurs, des postiers, des comptables, des conseillers, des publicistes, des avoués, des procureurs et des magasiniers.

VÉNUS symbolise les artistes, les acteurs, les danseurs, les musiciens, les dessinateurs, les couturiers, les esthéticiennes, les hôtesses et toutes les professions liées aux cosmétiques.

MARS est associé aux professions aventureuses ou dangereuses. Les explorateurs, les soldats, les officiers, les sportifs, les analystes, les coiffeurs, les forgerons, les mécaniciens, les boxeurs, les menuisiers, les ingénieurs, les policiers, les hommes d'affaires et, enfin, toutes les professions en rapport avec le feu et le métal.

JUPITER est lié aux affaires importantes. Mais aussi aux avocats, aux banquiers, aux publicistes, aux curés, aux médecins, aux conseillers, aux financiers, aux entraîneurs, aux professeurs, aux écrivains, aux juges. Et à tout ce qui touche aux jeux de hasard, à l'import-export, à l'industrie des voyages.

SATURNE représente les administrateurs, les antiquaires, les détaillants, les archéologues, les entrepreneurs, les chimistes, les experts, les fermiers, les géologues, les fournisseurs, les hôteliers et les aubergistes, les mineurs, les employés des pompes funèbres, les employés et les conservateurs de musées, les religieuses et les prêtres, les chercheurs, les inspecteurs, les horlogers et les zoologistes.

URANUS gouverne les astrologues, les astronomes, les astronautes, les aviateurs, les voyants, les cartomanciens, les danseurs, les conducteurs, les électriciens, les guérisseurs, les dessinateurs, les savants, les photographes, les agitateurs politiques. Et tout ce qui est avant-gardiste dans les productions, les services ou les idées.

NEPTUNE régit l'imagination et l'intuition, ainsi que l'évolution de l'âme. Et par là les acteurs, les danseurs, les poètes et les musiciens. Mais aussi, les voyants, les détectives, les guérisseurs de l'âme, les conseillers, les missionnaires, les cinéastes, les pharmaciens, les plombiers, les gardiens de prison, les armateurs. Et toutes les occupations liées aux liquides et aux produits synthétiques.

LES PÉRIODES DE RÉTROGRADATION DE CHAQUE PLANÈTE EN 1993

MERCURE: rétrograde du 28 février au 22 mars, du 1er juillet au 26 juillet, du 26 octobre au 15 novembre.

VÉNUS: rétrograde du 11 mars au 22 avril.

MARS: rétrograde du 1er janvier au 28 avril.

JUPITER: rétrograde du 29 janvier au 1er juin.

SATURNE: rétrograde du 10 juin au 28 octobre.

URANUS: rétrograde du 26 avril au 27 septembre.

NEPTUNE: rétrograde du 23 avril au 30 septembre.

NEPTUNE PEUT DEVENIR VOTRE BON OU VOTRE MAUVAIS GÉNIE

Neptune est une planète dangereuse à plus d'un titre. Les Anciens l'associaient à l'imagination, aux rêves, à l'idéalisme et à la création. En fait, à tout ce qui est intangible et invérifiable.

C'est pourquoi les astrologues voient aussi en Neptune le maître de tout ce qui incite l'homme à s'évader de la réalité, surtout par des moyens artificiels comme l'alcool, le tabac ou la drogue.

Neptune met 163 ans et 253 jours pour parcourir le zodiaque. Il influence davantage une génération que les humains en particulier. Mais, n'empêche que sa position dans votre carte natale est importante pour déterminer ne serait-ce que votre sensibilité aux tentations. Certains sont mieux armés pour y résister que d'autres. Le tout est d'en prendre conscience, afin de ne pas tomber dans les pièges qui vous sont tendus...

Évidemment, ceux qui auront un Neptune prédominant dans leur carte seront plus concernés que les autres par cette influence.

Il peut s'agir des natifs des Poissons, signe gouverné par Neptune. Mais aussi de ceux qui ont Neptune à l'Ascendant, au Milieu du Ciel et au Fond du Ciel.

Si, à votre naissance, Neptune reçevait de bons aspects, cela atténue ou renforce ces tendances.

Vous trouverez, à la fin de cet article, la position de Neptune selon votre date de naissance.

NEPTUNE DANS LES SIGNES

NEPTUNE NATAL EN BÉLIER vous incite à vous montrer très personnel. Et les difficultés que vous rencontrez ne font que renforcer cette tendance à tout ramener à vous. Cela peut aller jusqu'à masquer vos désirs et ceux de votre entourage.

Comme le Bélier gouverne la tête, vous serez tenté de vous adonner aux plaisirs qui concerne la bouche et le nez: tabac, alcool, abus de nourriture et même inhalation de produits nocifs, dont l'odeur est très prenante.

NEPTUNE NATAL EN TAUREAU vous incite à manger davantage, lorsque ça ne va pas.

Ce signe est celui de la gorge. Vous apprécierez alors les boissons fortes et même tout ce qui peut vous faire oublier vos ennuis.

Certains d'entre vous s'adonneront même aux plaisirs des sens ou chercheront à tout prix à «faire de l'argent». Ce qui les rendra peut-être puissants, mais solitaires, et finalement très malheureux.

NEPTUNE NATAL EN GÉMEAUX influence aussi bien vos processus mentaux, votre système nerveux et vos mains que vos poumons. Ce qui vous laisse imaginer le danger que représente le tabac pour vous!

Vous pensez que fumer vous calme les nerfs? Cela vous occupe les mains et vous donne une contenance, mais n'éclaircit pas la situation pour autant.

Et si, en plus, vous prenez des calmants, vous risquez de vous ruiner complètement la santé. À éviter à tout prix!

NEPTUNE NATAL EN CANCER vous incite à vous replier sur vous-même, dès qu'un problème survient.

Privé de contacts avec l'extérieur, vous ne tardez pas à manger plus, à fumer et à boire bon nombre d'apéritifs. Ce qui ne peut qu'accentuer votre nervosité et vous rendre impossible à vivre. Ou bien, vous pouvez aussi devenir très dépendant et tomber sous la coupe d'un membre de votre famille. Ce qui, par la suite, risque fort de vous poser maints problèmes.

NEPTUNE NATAL EN LION peut faire de vous un égoïste qui ne pense qu'à son propre plaisir et le cherche notamment au jeu.

Devant les difficultés de la vie, vous réagissez comme un enfant. Vous pouvez refuser de prendre vos responsabilités. Alors que vous pourriez exploiter très utilement vos dons. Ceux-ci ne vous manquent pas!

NEPTUNE NATAL EN VIERGE vous incite à vous réfugier dans le travail lorsque ça ne va pas. Vous cherchez alors la petite bête et ne prenez pas un moment de détente. Ce qui est un moyen de vous punir de votre échec et ajoute à votre pessimisme.

NEPTUNE NATAL EN BALANCE vous incite à vous laissez facilement influencer par les autres. Et si, quand vous n'avez pas le moral, vous fréquentez des buveurs et des fumeurs, vous prendrez vite des mauvaises habitudes.

Vous pouvez aussi être tenté de dépenser votre argent plus que de raison pour vous consoler de vos déboires. Quitte à mettre en péril la sécurité de votre famille...

NEPTUNE NATAL EN SCORPION vous rend très faible en face des désirs, surtout les désirs sexuels. Ce qui peut vous conduire à des excès regrettables et s'avérer dangereux pour votre équilibre affectif.

NEPTUNE NATAL EN SAGITTAIRE vous incite à rechercher un secours moral auprès d'une religion ou d'une philosophie plus ou moins à la mode. Ce qui peut faire de vous une proie très facile pour toutes sortes de sectes.

Ou bien, vous pouvez être tenté de reprendre des études, afin de ne plus faire face aux problèmes de la vie active.

NEPTUNE NATAL EN CAPRICORNE accentue votre désir de réussite, au point de vous faire oublier tout le reste. Pour rehausser votre prestige, vous êtes prêt à toutes les concessions et aussi à tous les compromis. Ce qui peut vous apporter la gloire autant que l'inimitié de ceux qui vous entourent.

NEPTUNE NATAL EN VERSEAU vous pousse à prendre vos désirs pour des réalités et à changer d'avis très souvent. Ce qui vous fait perdre de vue vos objectifs réels et ne vous mène à rien de bon.

NEPTUNE NATAL EN POISSONS peut vous inciter à fuir ce qui vous est pénible, notamment dans la boisson ou la drogue. Vous ferez cela en solitaire et vous n'irez pas vous en vanter. Jusqu'au jour où cela se verra un peu trop...!

Vous éviterez de payer trop cher les conséquences de ces égarements, si vous acceptez de regarder la réalité en face, afin de rester maître des événements.

INFLUENCE DE NEPTUNE EN ASPECT AVEC LES AUTRES PLANÈTES

Si vous ne savez pas avec quelle autre planète Neptune faisait un aspect à votre naissance, faites établir votre carte du ciel.

NEPTUNE EN ASPECT AVEC LE SOLEIL risque de rendre cette dépendance longue et difficilement perceptible. Vous croirez que vos choix dépendent de leur seul volonté. Alors qu'en fait ce seront vos désirs inconscients qui vous guideront.

Vous cherchez avant tout la satisfaction de vos besoins personnels, sans vous soucier des autres. Et surtout en amour. Ce qui peut vous mener à des aventures nombreuses et décevantes...!

NEPTUNE EN ASPECT AVEC LA LUNE vous rend très émotif et sensible à la solitude.

Si vous êtes un homme, vous ne penserez qu'aux femmes et serez prêt à tout pour attirer leur attention. Si

vous êtes une femme, vous aurez envie de vous cons-
truire un foyer à n'importe quel prix, quitte à abandon-
ner vos amis.

Mais ces désirs restent flous et vous ne vous com-
prenez pas toujours vous-même. Ce qui vous rend insta-
ble et difficile à vivre.

NEPTUNE EN ASPECT AVEC MERCURE
fausse votre jugement et ne vous donne de vos problèmes qu'une vue confuse. Ce qui vous empêche de
maîtriser vos penchants. Vous pouvez aussi fuir la réalité en vous réfugiant dans la lecture, le cinéma ou le
rêve éveillé. Mais ce n'est pas en restant dans le vague
que vous résoudrez les problèmes.

NEPTUNE EN ASPECT AVEC VÉNUS vous
rend apte à tomber amoureux, ce qui vous entraîne dans
des aventures inimaginables.

Ou bien, vous vous montrez trop idéaliste, ce qui
rend vos partenaires méfiants et complexés. Et vous
aurez beaucoup de mal à distinguer le véritable amour
du feu de paille...

NEPTUNE EN ASPECT AVEC MARS vous rend
peu sûr de vous-même et facilement malléable. Vous ne
manquez pas d'énergie, mais vous ne savez pas vous en
servir de façon constructive. Et devant vos échecs, vous
trouvez toujours le moyen de vous accorder des circonstances atténuantes. Pourtant, vous feriez bien d'éviter
les excitants, l'alcool et le tabac, qui, soi-disant, vous
aident à vivre.

NEPTUNE EN ASPECT AVEC JUPITER vous
conduit à abuser de tout, avec un enthousiasme déplacé.
Alcool, tabac, sexe, tout vous est bon. Et vous trouvez
de bonnes raisons pour justifier votre comportement,
alors que de nombreux dangers menacent votre santé.

NEPTUNE EN ASPECT AVEC SATURNE est
très dangereux. Vous sentez que cela va mal, mais vous
ne parvenez pas à définir le pourquoi. Et vous êtes inca-

pable de prendre les choses en main. Cela pourra avoir de fâcheuses conséquences pour vous, sur le plan professionnel.

NEPTUNE EN ASPECT AVEC URANUS vous incite à chercher à sortir de l'ordinaire, à ne pas faire les choses comme tout le monde. Par bravade. Mais cela risque de vous faire commettre de lourdes erreurs de tactique, que la société ne vous pardonnera pas.

NEPTUNE EN ASPECT AVEC PLUTON peut vous conduire à des pratiques sexuelles peu ordinaires, ou tout au moins mal admises par la société. Vous ressentez vivement toutes les frustrations dont vous êtes victime et vous cherchez à vous consoler par l'assouvissement secret de vos désirs.

Vous vous sentez différent des autres et par conséquent solitaire. Alors que si vous abordiez franchement le problème avec vos amis, vous feriez un grand pas vers la sérénité.

LES DIVERSES POSITIONS DE NEPTUNE DEPUIS 1901

SI VOUS ÊTES NÉ:

Entre le 21 mars 1889 et le 19 juillet 1901: il se trouve en Gémeaux.

Entre le 20 juillet et le 25 décembre 1901: il se trouve dans le signe du Cancer.

Entre le 26 décembre 1901 et le 19 mai 1902: il se trouve dans le signe des Gémeaux.

Entre le 20 mai 1902 et le 22 septembre 1914: il se trouve en Cancer.

Entre le 23 septembre et le 14 décembre 1914: il se trouve en Lion

Entre le 15 décembre 1914 et le 18 juillet 1915: il se trouve en Cancer.

Entre le 19 juillet 1915 et le 19 mars 1916: il se trouve en Lion.

Entre le 20 mars et le 1er mai 1916: il se trouve en Cancer.

Entre le 2 mai 1916 et le 20 septembre 1928: il se trouve en Lion.

Entre le 21 septembre 1928 et le 19 février 1929: il se trouve en Vierge.

Entre le 20 février et le 23 juillet 1929: il se trouve en Lion.

Entre le 24 juillet 1929 et le 3 octobre 1942: il se trouve en Vierge.

Entre le 4 octobre 1942 et le 18 avril 1943: il se trouve en Balance.

Entre le 19 avril et le 2 août 1943: il se trouve en Vierge.

Entre le 3 août 1943 et le 22 décembre 1955: il se trouve en Balance.

Entre le 23 décembre 1955 et le 10 mars 1956: il séjourne en Scorpion.

Entre le 11 mars et le 18 octobre 1956: il revient en Balance.

Entre le 19 octobre 1956 et le 14 juin 1957: il se trouve en Scorpion.

Entre le 15 juin et le 4 août 1957: il revient en Balance.

Entre le 5 août 1957 et le 2 janvier 1970: il se trouve en Scorpion.

Entre le 3 janvier et le 12 mai 1970: il se trouve en Sagittaire.

Entre le 13 mai et le 6 novembre 1970: il revient en Scorpion.

Entre le 7 novembre 1970 et le 31 décembre 1983: il se trouve en Sagittaire.

Entre le 1ᵉʳ janvier 1984 et le 18 janvier 1984: il se trouve en Sagittaire.

Entre le 19 janvier 1984 et le 24 juin 1984: il se trouve en Capricorne.

Entre le 25 juin 1984 et le 21 novembre 1984: il retourne dans le Sagittaire.

Entre le 22 novembre 1984 et le 28 janvier 1998: il se trouve dans le Capricorne.

INTERPRÉTATION INDIVIDUELLE
SELON VOTRE LUNE NATALE

SI, À VOTRE NAISSANCE, LA LUNE SE TROUVAIT EN BÉLIER:

ASPECTS ANNUELS: Lune carré Uranus, Lune carré Neptune, Lune opposé Jupiter.

Lune carré Uranus: Vous serez nettement plus tendu qu'à l'accoutumée. Hélas! votre susceptibilité vous fera exploser dès qu'il y aura quelqu'un qui se mettra en travers de votre volonté. De plus, vous serez porté à agir par coups de tête, notamment avec certains membres de votre famille. Attendez-vous d'avoir des changements subits et inatendus au foyer (déménagement ou autre). Du point de vue santé, surveillez de près votre estomac.

Lune carré Neptune: Parfois, vous serez trop sensible et impressionnable et vous subirez l'influence de votre entourage. Manquant un peu d'ordre dans vos idées, vous devrez lutter contre une tendance à l'oubli et l'évasion des réalités. Du point de vue santé, éloignez-vous de l'alcool et des stupéfiants.

Lune opposé Jupiter: Si vous discutez avec votre conjoint de vos affaires de familles, arrangez-vous pour faire le tour de tous les problèmes. Après, vous n'aurez plus à y revenir.

À noter que ces trois aspects se forment du Capricorne au Bélier, à la Balance, ce qui peut également entraîner des changements dans le domaine professionnel. Toutefois, il faudra y mettre du sien pour obtenir ce que l'on désire.

JANVIER: Mercure, Mars, Uranus, Jupiter et Neptune formeront de mauvais aspects avec ce signe. Méfiez-vous de ceux qui font du porte à porte. Tous n'auront pas des intentions pures. Informez-vous de ce qu'ils veulent, avant d'ouvrir. Toutefois, si votre Lune se trouvait dans le troisième décan du Bélier, vous aurez un sextile favorable de Saturne qui vous aidera à réaliser des projets nécessitant des calculs et des mesures précises. De plus, vos relations d'amitié seront solides et durables, peut-être même pour toute l'année.

FÉVRIER: Entre le 1er et le 19, votre Lune recevra un aspect favorable du Soleil en Verseau; ce qui facilitera votre compréhension des autres et vous aidera à vous exprimer aisément. Vous ne manquerez pas d'imagination et cette période s'annonce propice pour fréquenter les milieux intellectuels. Cependant, entre le 20 et le 29, le calme et la concentration seront pour vous choses difficiles. Méfiez-vous du bavardage!

Entre le 3 et le 28, Vénus ne vous épargnera pas non plus. Vous serez susceptible de manquer de constance dans vos affections, car vous aimerez trop le plaisir et la vie facile. Alors, essayez de remédier à tout cela.

MARS: Vénus sera toujours dans ce signe. Cette planète vous rendra doux, affectueux et sympathique envers les autres. Si vous avez des talents artistiques, dépêchez-vous de les exploiter. De plus, vos relations en général, mais surtout l'heureuse influence des femmes, vous seront d'un grand secours. Mars, astre de l'énergie, jouera aussi en votre faveur. Il donnera beaucoup d'ardeur à votre imagination et vous incitera à la réalisation spontanée de vos désirs.

AVRIL: Vénus formera une conjonction avec votre Lune. Aspect très harmonieux dans le domaine de vos amours. Vous verrez sûrement la vie en rose durant ce cycle. Si vous êtes célibataire, profitez-en pour trouver le partenaire idéal.

Entre le 16 et le 30, Mercure viendra aussi embrasser votre Lune, si vous désirez voyager, partez sans crainte. De plus, si vous effectuez des travaux dans le domaine intellectuel, vous aurez du génie pour atteindre tous vos objectifs.

MAI: C'est Mars en Lion qui vous envoie des rayons positifs. Comme cette planète sera en force dans ce secteur, votre potentiel d'activités sera grand et votre puissance d'exécution sera à son maximum. C'est pour cette raison que les obstacles seront pour vous une chose facile à vaincre.

JUIN: Entre le 1er et le 23, Mars toujours dans le signe du Lion enverra de bons rayons à votre Lune. C'est le moment de communiquer, d'exprimer vos profonds sentiments aux gens qui vous aiment. De plus, si vous travaillez sur la route ou si vous désirez voyager, partez sans hésiter. Entre le 2 et le 30, cependant, Mercure en Cancer risque de venir troubler votre paix intérieure. Il s'agira de petits différends que vous devrez régler avec certains membres de votre famille.

JUILLET: Excellente période pour vos amours. La chance vous sourit également grâce au sextile de Vénus en Gémeaux. Prenez des billets de loterie et laissez-vous charmer par l'élu de votre cœur.

AOÛT: Sous les influences heureuses du Soleil et de Mercure en Lion trigone avec votre Lune en Bélier, c'est le moment de passer à l'action. Si vous désirez changer votre véhicule de transport ou autre, agissez durant ce cycle. De plus, c'est une excellente période pour être en communication avec l'un de vos frères.

SEPTEMBRE: Mercure vient en opposition à votre Lune. Cette fois-ci, cet astre fera un effet sur votre secteur conjugal et associatif. Méfiez-vous bien du qu'en-dira-t-on, et montrez-vous patient avec les gens de votre entourage.

NOVEMBRE ET DÉCEMBRE: Le transit de Jupiter dans le signe du Scorpion risque de vous en faire voir de toutes les couleurs. Vous serez plus impulsif et facilement irritable, notamment avec les membres de la famille. En d'autres mots, des conflits familiaux sont à craindre. Il vous faudra aussi vous garder d'excès dans la boisson comme dans la nourriture. Cependant, en décembre, Vénus en Sagittaire viendra atténuer cet aspect négatif.

SI, À VOTRE NAISSANCE, LA LUNE SE TROUVAIT EN TAUREAU:

ASPECTS ANNUELS: Lune trigone Uranus, Lune trigone Neptune, Saturne carré Lune

Lune trigone Uranus: Développement de l'intuition et de l'imagination créatrice. Vous aurez tendance à vous montrer plus sociable et à nouer plus facilement des relations amicales. Nombreux changements intéressants dans l'entourage, donnant la possibilité de réaliser d'importants projets. Excellente période pour voyager par avion.

Lune trigone Neptune: Cet aspect est très agréable. Il marque une période durant laquelle vous serez porté vers les réalisations effectives, car vous vous sentirez détaché des contingences matérielles. De plus, vos antennes psychiques seront plus sensibles qu'à l'ordinaire et vous ressentirez plus fortement les bonnes vibrations qui se dégageront autour de vous.

Lune carré Saturne: C'est surtout l'entourage qui peut vous apporter des inquiétudes. À cela peuvent s'ajouter des circonstances malheureuses, telles que la maladie de personnes âgées du sexe féminin vous touchant de près. Si vous êtes une femme, ce peut être votre mère. Si vous êtes un homme, ce peut être votre épouse. Cependant, il semble que le trigone Lune-Jupiter vienne atténuer cette configuration.

JANVIER: Mercure, Uranus et Neptune formeront un bon aspect avec ce signe. Conséquence? Vous vous exprimerez facilement, parfois même d'abondance, par la parole et par l'écrit. De plus, vous serez apte aux recherches et aux travaux de longue haleine. Persévérant et patient, vous atteindrez tous vos objectifs. Cycle intéressant pour voyager.

FÉVRIER: Mars en Cancer joue en votre faveur. Vos sentiments envers les personnes que vous aimez seront stables et harmonieux jusqu'à la fin du mois. Après, méfiez-vous de votre tempérament changeant, surtout envers l'être aimé. De plus, cet astre dans ce secteur vient vous aider à réaliser vos projets ingénieux notamment si vous œuvrez dans le monde de l'industrie, de la mécanique ou simplement si vous œuvrez à titre de comptable ou touchez au domaine de l'administration. Puis, il reste la planète Mercure qui, entre le 1er et le 16, formera un carré à votre Lune. Essayez durant ce cycle de maîtriser votre nature changeante qui sera susceptible de contrarier beaucoup votre réussite.

MARS: La planète Mercure sera dans le signe des Poissons. Vous aurez certes beaucoup d'ardeur, mais vous serez également très nerveux et impulsif particulièrement à votre travail. De plus, l'autorité des autres vous pèsera lourdement sur les épaules. Essayez toutefois de vous soumettre aux règlements. Sinon... Heureusement que Mars en Cancer viendra vous rendre la vie heureuse dans le domaine affectif et amoureux.

AVRIL: Mercure et Mars seront au sextile de votre Lune. Alors, vos idées seront empreintes de bienveillance et vous aurez l'intention de faire plaisir aux autres. Bonne période pour signer d'importants papiers ou contrats.

MAI: Mercure et le Soleil séjourneront dans ce signe. Vous aurez beaucoup d'inspiration pour améliorer l'intérieur de votre foyer, évidemment si vous le désirez. De plus, vous accorderez une importance assez grande au décorum et à tout ce qui avantage la beauté. La musique et le chant en particulier pourront devenir chez vous des passe-temps favoris. L'argent vous viendra facilement.

JUIN: Entre le 6 et le 30, Vénus sera dans ce signe. Vous serez plus réceptif et plus sensible aux ambiances. De plus, vous saurez tirer profit de toutes les particularités intéressantes des divers milieux que vous fréquentez. Les gens vous aimeront parce que vous vous adapterez facilement à leurs habitudes et à leur mentalité.

JUILLET: Mars enverra de beaux rayons à votre Lune. Si vous prenez possession d'un nouvel appartement, songez à la décoration, avant d'y placer vos meubles. Cela vous facilitera les choses. Et si vous n'avez pas cette chance, refaites vos peintures. Cela vous donnera l'agréable impression d'être dans du neuf. Vu d'un autre angle, Saturne ne jouera pas en votre faveur. Il peut vous apporter plusieurs petits contretemps, notamment si vous devez partir en voyage.

AOÛT: Vénus vient visiter le signe du Cancer et y apporter de la joie et du bonheur. Période importante pour vos amours et pour la chance aux jeux de hasard. Cependant, Mercure au carré de votre Lune peut vous faire pêcher par excès d'orgueil. Méfiez-vous. De plus, si vous avez des enfants, essayez d'être moins exigeant envers eux.

SEPTEMBRE: Durant ce mois, votre Lune recevra un beau trigone de Mercure dans le signe de la Vierge. Si vous effectuez un travail manuel, vous serez juste et précis dans l'exécution de vos travaux. De plus, si vous désirez vous perfectionner ou entreprendre un cycle d'étude, cette période s'annonce idéale pour vous inscrire.

OCTOBRE, NOVEMBRE ET DÉCEMBRE: Mercure, Vénus et le Soleil sejourneront en bon aspect à ce

signe. Ces planètes seront susceptible de vous rendre
autoritaire dans vos rapports avec votre entourage familial. Il semble aussi que toutes vos énergies se trouveront concentrées vers l'accroissement de votre bien-être
familial; vous travaillerez davantage afin d'assurer un
intérieur confortable à vous-même ou aux vôtres.

SI, À VOTRE NAISSANCE, LA LUNE SE TROUVAIT DANS LES GÉMEAUX:

ASPECTS ANNUELS: Lune trigone Saturne, Lune
trigone Jupiter.

Lune trigone Saturne: Période de plus grand calme et de
plus grande stabilité psychique par suite d'une meilleure
maîtrise de vos émotions. Les leçons du passé inspireront
vos actes. Vous serez plus économe et prévoyant. De
plus, la compagnie d'amis de longue date et les rapports
avec les gens plus âgés peuvent vous procurer des satisfactions et des avantages.

Lune trigone Jupiter: Aspect très hamonieux qui entraîne la chance et la joie de vivre. Bonne configuration
sur le plan de la santé en ce qui se rapporte à l'équilibre
physique et aux fonctions physiologiques. Cette configuration vous rendra plus sociable et généreux. Vous
connaîtrez aussi une période de popularité, de bonheur
familial et d'amour intense avec l'être élu de votre cœur.
Au point de vue de la chance, de la fortune et de l'accroissement des biens matériels, ce sont les femmes qui seront
plus avantagées. Période de fertilité particulièrement si
vous avez un signe ou ascendant Gémeaux, Verseau,
Vierge et Balance.

JANVIER: Vénus formera une quadrature avec ce
signe. Donc, entre le 4 et le 31, ne dépassez pas la limite
de vos capacités intellectuelles et physiques. Sur le plan
sentimental, ne vous emportez pas pour des riens, notamment si votre partenaire appartient aux signes des
Gémeaux, de la Vierge et des Poissons.

FÉVRIER: Vénus en passage dans le Bélier fait plusieurs clins d'œil à votre Lune. C'est le temps de vous exprimer tant par la parole que par les écrits. Vous pouvez également en profiter pour voyager, car votre moral sera excellent. Vos meilleures journées: les 11 et 12. Par contre, à compter du 9, vous deviendrez facilement impressionnable et vous pourrez être affecté par certains commentaires des gens qui vous entourent. En effet, Mercure au carré de votre Lune, risque de vous rendre craintif et inquiet à tout point de vue. Surveillez vos réactions.

MARS: C'est toujours Vénus qui forme un sextile à votre Lune. Vous pouvez compter sur la chance car elle sera de votre côté. Rempli d'idées originales et ingénieuses, vous serez capable de faire de grandes choses. De plus, votre intuition vous permettra de réaliser vos projets dans le minimum de temps. Bonne période pour ceux qui œuvrent dans l'informatique, l'électricité et dans tous les domaines intellectuels. Parallèlement, votre Lune recevra une quadratude de Mercure en Poissons. De ce fait, vous pouvez connaître quelques difficultés sur le plan affectif. Montrez-vous plus patient envers l'être aimé et tout ira pour le mieux.

AVRIL: Ici, Mercure toujours en Poissons forme un aspect néfaste à votre Lune. Méfiez-vous de vos réactions trop spontanées, et surtout, si vous manipulez des objects tanchants, regardez bien attentivement tout ce que vous faites. De plus, soyez prudent sur la route, notamment s'il pleut. Par ailleurs, Vénus en Bélier enverra un gentil sextile à votre Lune. Comme cette planète ouvre une porte sur un monde de passion, vous serez très satisfait de votre sort sur le plan sentimental.

MAI: Mars en Lion formera un aspect bénéfique à votre Lune. De ce fait, vous aurez une nature dynamique, énergique, entreprenante et audacieuse. Ainsi vous affronterez les obstacles sans difficultés. Profitez-en pour vous affirmer pleinement.

JUIN: Durant cette période, Mars enverra encore plusieurs aspects à votre Lune. Cet aspect étant considéré comme le plus puissant vous rendra serein, joyeux et doux envers les gens que vous aimez. Un rayon de Soleil et hop, vous aurez envie d'aller à la rencontre de l'amour. Organisez-vous de façon à avoir plus de temps libre. Ce n'est pas l'être aimé qui vous le reprochera.

JUILLET: Ce mois-ci, Vénus vient visiter votre Lune. Cette période s'annonce riche en plaisirs variés, en activités sportives, en divertissements de tous genres. De plus, aux loteries et jeux, la chance vous sourit.

AOÛT: Au cours de ce mois, votre Lune recevra plusieurs aspects, notamment un aspect du Soleil et un sextile de Mercure en Lion et un carré de Mars en Vierge. Résultats? Le Soleil vous donnera une nature énergique et dynamique, mais en dissonance de Mars, vous devrez vous méfier des excès sexuels, de la jalousie et des querelles, notamment si vous poursuivez une relation stable.

SEPTEMBRE: Ici, Vénus en Lion forme un sextile à votre Lune. Durant ce cycle, vous aurez tendance à fréquenter des milieux cultivés et vous serez particulièrement sensible à la musique. De plus, vous aurez en vous un besoin constant d'affection et d'encouragement de la part de votre partenaire. Alors, essayez de vous rapprocher davantage de lui.

OCTOBRE: Si votre Lune occupe le troisième décan des Gémeaux, celle-ci recevra un seul aspect tout le mois, soit un trigone de Jupiter en Balance. Cette configuration augmentera chez vous votre esprit d'équité mais vous ne manquerez pas de clémence. Tout ce qui est beau (l'art, la musique, etc.) sera pour vous source d'inspiration. Sur le plan sentimental, le mariage ou toute forme d'association pourra concourir à votre réussite sociale. Excellente période pour régler vos problèmes d'ordre légaux.

NOVEMBRE: Au cours de ce mois automnal, Mars en Sagittaire oppose votre Lune. Cette configuration vous donnera des sentiments ardents et spontanés mais vous inclinera quelque peu à rechercher l'aventure. De plus, vous serez porté à la dépense plus qu'à l'accoutumée. Alors, si votre budget ne vous permet pas de petites fantaisies, méfiez-vous.

DÉCEMBRE: L'année se termine avec un opposition de Vénus, Mercure, Mars et du Soleil avec votre Lune. Vous aurez l'âme en fête et vous aurez l'intention de rendre tout votre petit monde heureux. C'est donc une période de bonheur intense. Alors, sachez en profiter.

SI, À VOTRE NAISSANCE, LA LUNE SE TROUVAIT EN CANCER:

ASPECTS ANNUELS: Lune carré Jupiter, Lune opposé Uranus, Lune opposé Neptune.

Lune carré Jupiter: Assez bon transit sur le plan familial. Vous serez accomodant, et votre entourage saura respecter vos idées. Vu d'un autre angle, ce passage de Jupiter améliore également le moral; il vous rendra plus sociable et plus généreux. Dans le domaine des faits, vous traverserez une période de popularité que ce soit parmi les membres de votre famille ou avec vos amis. Dans certains cas, ce passage jupitérien annonce une période de fécondité; il y a donc possibilité de conception d'enfant.

Lune opposé Uranus: Une dissonance Uranus-Lune annonce souvent un changement de domicile, un déménagement qui est souvent dû à des circonstances imprévisibles. Au point de vue de la santé, surveillez les fonctions de l'appareil digestif ainsi que celles de l'estomac.

Lune opposé Neptune: Sous cette influence, parfois votre imagination peut vous jouer de vilains tours. Méfiez-vous. De plus, soyez prudent surtout si vous pratiquer des sports nautiques ou durant vos baignades. Un accident est si vite arrivé. «Mieux vaut prévenir que guérir.»

JANVIER: Vénus en Poissons forme un trigone avec votre Lune. Si vous discutez avec votre partenaire ou conjoint de vos affaires de famille, arrangez-vous pour faire le tour de tous les problèmes. Après, vous n'aurez plus à y revenir. Vu d'un autre angle, cet aspect s'annonce idéal pour signer des papiers importants.

FÉVRIER: Entre le 3 et le 28, c'est Vénus en Bélier qui formera une quadrature à votre Lune. Durant ce cycle, vous aurez moins de maîtrise sur vos sentiments. En effet, vous aurez souvent la larme à l'œil sans trop savoir la raison. Dans une pareille situation, parlez de ce qui vous préoccupe à un ami sincère. Ce dernier saura certainement vous aider dans ces moments d'anxiété.

MARS: Enfin la joie et le bonheur s'installe sur votre ciel grâce au trigone de Mercure en Poissons à votre Lune. Romantique à souhait, vous aurez l'intention de nager dans le bonheur. D'ailleurs vous serez comblé, car vous recevrez, en abondance, une bonne dose d'amour et d'amitié tant de votre partenaire que des gens qui vous admirent.

AVRIL: Ce mois-ci, Mercure envoie toujours d'excellents rayons à votre Lune, alors que Vénus en Bélier vient quelque peu remuer vos sentiments. Conséquences? Vous serez moins patient avec les gens de votre entourage et, fréquemment, vous aurez l'intention de changer d'air. De plus, votre bon jugement risque d'en pâtir. Aussi, éviter d'avoir à prendre des décisions importantes, pendant cette période. Vous commettriez de graves erreurs.

MAI: Ici, votre Lune recevra les chaleureux rayons de Mercure en Taureau. Parallèlement, Vénus en Bélier viendra sournoisement jouer sur vos nerfs. Prudence dans vos pourparlers d'affaires. Vous risquez d'en dire trop ou de ne pas vous montrer assez pointilleux sur la légalité. Par contre, en amour, vous serez gâté tant par de chaleureuses caresses que par de petits présents.

JUIN: Plusieurs aspects à votre Lune vous feront réagir de façon différente. Ceci est dû à la conjonction de Mercure, entre le 3 et le 30 et du sextile de Vénus en Taureau. Au cours de cette période, vous devriez vous organiser de façon à perdre le moins de temps possible. Non seulement votre travail serait plus efficace, mais vous pourriez réaliser plus de choses.

JUILLET: Si votre Lune occupe le deuxième ou le troisième décan du Cancer, ce sera à votre tour de vous laissez parler d'amour. Sous les influences de la conjonction de Mercure à votre Lune, vous aurez sûrement l'occasion de vivre des moments inoubliables en compagnie d'amis ou de l'être aimé. De plus, Mars en Vierge semble jouer en votre faveur. Alors, si vous avez envie de transformer la décoration de votre intérieur, agissez durant ce cycle.

AOÛT: Votre Lune reçoit encore un bon aspect de Vénus par conjonction. Cette fois-ci, cette configuration vous aidera à améliorer vos conditions de travail. Si vous recherchez un nouvel emploi ou désirez simplement changer de profession, agissez positivement durant la durée de ce cycle. Vous aurez certainement des réponses positives à vos sollicitations.

SEPTEMBRE: Durant ce mois d'automne, Mercure influence positivement votre Lune, alors que Mars en Balance forme une quadrature à celle-ci. Résultats? Vous aurez l'âme voyageuse mais jouirez d'un excellent jugement, de la sagesse et de beaucoup d'optimisme. De plus, ce cycle s'annonce des plus positifs pour les soins esthétiques.

OCTOBRE ET NOVEMBRE: Mars en Scorpion séjournera en bon aspect avec votre Lune. Cette configuration vous donnera une nature autoritaire dans vos rapports avec votre entourage familial. Vous entendrez être le maître chez vous. Il semble que toutes vos énergies seront concentrées sur l'accroissement de votre bien-être familial. Toutefois, cette position vous rendra parfois susceptible et irritable. Alors, surveillez vos sautes d'humeur.

DÉCEMBRE: Jupiter en Scorpion envoie un beau trigone à votre Lune, notamment si celle-ci occupe le premier décan, il semble que ce «grand bénéfique» en Balance viendra vous prêter main-forte. Conséquences? Vous saurez convaincre votre entourage de la justesse de vos vues. Alors, profitez-en pour mettre en chantier vos nouvelles idées. Vous irez vite et loin.

SI, À VOTRE NAISSANCE, LA LUNE SE TROUVAIT EN LION:

ASPECTS ANNUELS: Saturne opposé Lune, Jupiter sextile Lune,

Saturne opposé Lune: Si votre Lune occupait à votre naissance le troisieme décan du Lion, en cette période, toute initiative quelle qu'elle soit et toute tentative d'opérer des changements sont condamnées à l'échec. Soyez patient surtout si ces changements doivent être effectués dans le domaine familial ou professionnel.

Lune sextile Jupiter: Très bon transit sur le plan familial. Vous serez accomodant, et votre entourage saura respecter vos idées. Vu d'un autre angle, ce bon passage de Jupiter améliore également le moral; il vous rendra plus sociable et plus généreux. Dans le domaine des faits, vous traverserez une période de popularité que ce soit parmi les membres de votre famille ou avec vos amis. Dans certains cas, ce passage jupitérien annonce une période de fécondité; il y a donc possibilité de conception d'enfant.

JANVIER: Jupiter sera au sextile de votre Lune. Cette configuration vous rendra la bonne humeur et l'optimisme. De plus, vous pourrez être attiré par tout ce qui est lointain. En d'autres termes, vous aurez l'intention de voyager. Vu d'un autre angle, si vous poursuivez un cycle d'étude, vous serez très satisfait des résultats obtenus.

FÉVRIER: Durant cette période, c'est le Soleil qui enverra des rayons dissonants à votre Lune. Comme celui-ci sera situé dans le Verseau, vos idées risquent d'être en contradiction avec celles des autres. Assez nerveux et trop excentrique, vous devrez éviter de vous montrer obstiné ou trop intransigeant, car vous risquerez de cette façon des ruptures d'amitiés. À surveiller: les jambes et la circulation sanguine.

MARS: Vénus en Bélier formera un aspect favorable à votre Lune. Cependant dans ce signe de Feu, essayez de ne pas trop vous emporter et surtout, ne prenez aucune décision sous l'impulsion du moment. En cette période, il vaut mieux se montrer patient et tolérant avec son entourage, car il y a des risques de conflits.

AVRIL: Ce mois-ci, Vénus envoie toujours des rayons d'abondance à votre Lune mais sous de bons aspects de Mercure. Sur le plan affectif, vous connaîtrez une période de bonheur et de joie. Au travail, vos projets auront plus de chance de réussir si vous préparez soigneusement votre plan d'action. Alors, soyez raisonnable. Arrêtez-vous pour y penser.

MAI: Excellente période puisque les astres se sont donné la main pour mettre votre Lune en valeur. D'une part, Mars et Vénus joueront en votre faveur. Ces planètes mettront votre personnalité en valeur. D'autre part, vous serez audacieux et vous sentirez le besoin de vous dépenser davantage dans plusieurs domaines. Si vous désirez acheter une propriété, profitez de ce cycle pour faire vos démarches. Par contre, vous serez plus dépensier qu'à l'accoutumée. Alors, essayez de garder la juste mesure.

JUIN: Mars en conjonction dans ce signe éclaire vivement votre Lune. Durant ce cycle, vous aurez la parole facile et votre habileté manuelle sera à son meilleur. Profitez-en pour exploiter votre génie créateur.

JUILLET: C'est au tour de Vénus de venir former un aspect agréable à votre Lune. Résultats? On rajeunit moralement, on a envie de s'amuser et de profiter pleinement de la vie. Excellente période pour les activités sportives et pour les soins esthétiques.

AOÛT: Durant ce mois, Mercure arrive en conjonction de votre Lune et Mars envoie, à cette dernière, d'excellents rayons. De ce fait, vous aurez tendance à voire les choses sous leur angle le plus favorable et vous aimerez être entouré d'amis sincères. Si votre budget vous le permet, partez en voyage, vous serez enchanté des résultats. De plus, au travail, ce cycle s'annonce très positif pour faire certaines mises au point soit avec un collègue ou avec votre patron.

SEPTEMBRE: Vénus dans ce signe, en aspect favorable à votre Lune, vous rend la vie des plus agréables. C'est aussi une période favorable au mariage, et aux réconciliations sur l'oreiller. Si votre couple bat de l'aile, vous aurez l'occasion de prendre un nouveau départ.

OCTOBRE: Mars et Mercure dans le signe du Scorpion formeront un mauvais aspect à votre Lune. Votre vie familiale risque d'en souffrir. Essayez d'éviter les conflits avec vos proches ou amis. De plus, ne prenez aucune décision importante au sujet d'un des membres de votre famille.

NOVEMBRE: Excellente période pour vous refaire une beauté, grâce au trigone de Mars à votre Lune. Prompt et enthousiasme, vous serez jovial et communicatif. Grande facilité pour les sports et les exercices physiques. C'est le temps de se mettre en forme avant les fêtes. De plus, la chance vous sourit aux loteries et jeux, alors profitez-en.

DÉCEMBRE: Ce mois-ci, plusieurs planètes enverront des rayons à votre Lune. Il s'agit de Vénus, de Mercure et de Mars. Leurs influences peuvent vous rendre capricieux et aussi très sensible par moment. Notamment, si vous êtes amoureux et poursuivez une relation stable, il y aura des hauts et des bas. Ne vous laissez pas influencer par votre imagination qui sera très vagabonde au cours de ce cycle.

SI, À VOTRE NAISSANCE, LA LUNE SE TROUVAIT DANS LA VIERGE:

ASPECTS ANNUELS: Lune trigone Neptune, Lune trigone Uranus

Lune trigone Uranus: Ce transit sera susceptible de produire des changements intéressants dans votre entourage, et il vous aidera à mieux vous intégrer à la société. Durant ce cycle, votre curiosité se trouvera fortement stimulée et elle vous portera à rechercher la nouveauté et tout ce qui se rapporte au monde moderne. De plus, votre intuition sera à la hausse, alors, profitez-en.

Lune trigone Neptune: Grande évolution intérieure et forte imagination. Vos antennes psychiques seront plus sensibles que d'ordinaire et vous ressentirez fortement l'humeur des gens qui vous entourent. Si vous avez un penchant pour l'occultisme, étudiez, lisez, vous serez très satisfait des résultats.

JANVIER: Vénus en Poissons formera un mauvais aspect à votre Lune. Alors, ne vous fiez pas aux commentaires des autres durant ce cycle. Si vous avez des problèmes qui vous angoissent, faites une bonne analyse intérieure. De plus, si vous travaillez, abstenez-vous de prendre part aux querelles qui divisent vos collègues. La maturité a du bon, dans certains cas, ne l'oubliez pas!

FÉVRIER: Entre le 8 et le 28, Mercure en Poissons viendra en opposition à ce signe. Cette configuration risque d'entraîner de la distraction ainsi que de nombreux oublis de votre part. Essayez de vous concentrer davantage surtout si vous faites des travaux de précision et, si vous avez à prendre la route, soyez plus attentif. Une personne avertie en vaut deux.

MARS: C'est toujours Mercure qui s'oppose à votre Lune. Comme celui-ci est situé dans le signe des Poissons, vous traverserez une période de grande sentimentalité. De nature charitable et hospitalière, vous sentirez le besoin de vous entourer de gens. Cependant, voyez à fréquenter des personnes ayant un caractère très positif.

AVRIL: Mercure sera encore opposé à votre Lune. Ce sera donc une période assez mouvementée. Ne prenez pas de risques inutiles, surtout dans votre travail. Ceux qui souffrent des reins auront intérêt à se surveiller.

MAI: Entre le 4 et le 18, Mercure formera un bon aspect à votre Lune. Cela favorisera le travail d'équipe. Chacun aura de bonnes idées et tout le monde en bénéficiera. Que souhaiter de mieux? Vu d'un autre angle, vous vous montrerez très pratique et notamment en matière financière. Vous vous arrangerez pour récupérer l'argent que vous avez prêté. Et vous aurez bien raison.

JUIN: Ce mois-ci, Vénus, en carré de votre Lune dans le signe des Gémeaux risque de vous jouer de vilains tours. Si vous ne vous montrez pas sérieux dans votre relation sentimentale, vous pourrez avoir des surprises désagréables. Si vous êtes célibataire et désirez vous engager pour la vie, attendez en juillet pour faire votre demande.

JUILLET: Cette période s'annonce électrisante pour vous. Sous les influences positives de la conjonction de Mars à votre Lune, vous ferez en sorte que tout vous réussisse. Plus question de vous endormir sur vos lauriers, vous serez dynamique, énergique et rempli d'idées pour réaliser tous vos projets. Au travail comme à la maison, vous évoluerez dans un climat des plus harmonieux.

AOÛT: Plusieurs aspects viennent rencontrer votre Lune. La première, la conjonction de Mars à votre Lune vous entraîne au pays des merveilles. Romantique à souhait, vous ferez votre possible pour vous rapprocher davantage de l'être aimé. D'ailleurs, ce dernier se montrera chaleureux et des plus démonstratifs. Son attitude fera battre très fort votre petit cœur, et vous aidera à vous épanouir pleinement. Par ailleurs, Vénus en Cancer formera un bon aspect à votre Lune. Vous aurez tout intérêt à vous montrer économe. Les petites folies, ce ne sera pas pour tout de suite. Où vous déséquilibrerez votre budget.

SEPTEMBRE: Entre le 1er et le 23, le Soleil viendra rejoindre votre Lune. Vous travaillerez avec plus d'enthousiasme et cela vous permettra d'obtenir d'excellents résultats. Ce qui, un jour ou l'autre, se traduira par un succès sur le plan financier.

OCTOBRE: Deux beaux sextiles prennent place dans votre ciel, il s'agit de Mercure à votre Lune et celui de Mars. Puisque ces aspects auront comme point de départ le signe du Scorpion, n'hésitez pas à faire des projets d'avenir, ni à vous recycler. Ce sera une période très favorable à toutes sortes d'apprentissage.

NOVEMBRE: Une fois encore vous serez sous les influences de la quadrature de Mars à votre Lune, Cependant, cette dernière recevra un sextile favorable de Jupiter dans le signe de la Balance (jusqu'au 10). Un contrebalancement heureux qui saura rendre votre nature énergique et volontaire. Si vous êtes en affaires, profitez de ce cycle pour transiger et spéculer.

DÉCEMBRE: Durant ce cycle, Mercure, Vénus et Mars formeront des aspects adverses à votre Lune. Cela vous demandera une bonne dose de patience. D'autant plus que les événements auxquels vous aurez à faire face ne seront pas toujours agréables. Ne prenez de décisions hâtives, dans aucun domaine. Prudence avant tout!

SI, À VOTRE NAISSANCE, LA LUNE SE TROUVAIT EN BALANCE:

ASPECTS ANNUELS: Lune trigone Saturne, Lune carré Uranus, Lune carré Neptune, Lune conjonction Jupiter jusqu'au 10 novembre.

Lune conjonction Jupiter: De tous les transits planétaires, ce bon passage, surtout par conjonction, est les plus favorables à tout point de vue. Dans le monde des faits, vous serez avantagé par la chance, car les événements tourneront en votre faveur. Hé oui! Vous allez jouir de la protection des dieux. Tout ce que vous entreprendrez réussira, notamment dans le domaine financier. De plus, si vous désirez acheter une propriété, terrain ou autre, agissez au cours de l'année 1993.

Lune trigone Saturne: Ce passage astral dispose au calme, à la maîtrise de soi, à la sobriété des gestes et des paroles. Paraissant plus sérieux, vous inspirerez davantage confiance et vous serez mieux considéré par votre entourage. Bonne régularité dans la vie quotidienne.

Lune carré Uranus: Période de renouveau ou un changement radical d'existence est possible. Profitez-en pour faire peau neuve et pour voir les choses avec une optique toute nouvelle et agissez en conséquence.

Lune carré Neptune: Situation économique tendue. Risque de faillites, notamment si vous possédez un petit commerce. Par contre, cette période s'annonce propice pour ceux qui désirent se joindre à des mouvements occultes ou spiritualistes.

JANVIER: Mercure est en sextile à votre Lune, alors que Mars lui envoie des rayons adverses. Conséquences? Votre personnalité sera remplie de charmes, de magnétisme et vous pourrez facilement obtenir les faveurs que vous désirez, particulièrement de l'être aimé. Par contre, avec les membres de votre famille, vous devrez vous armer de patience afin de faire face au climat tendu qui circulera autour de vous.

FÉVRIER: Vénus en Bélier formera un aspect négatif à votre Lune, notamment si celle-ci est située au premier ou au deuxième décan. Maîtrisez votre nature qui sera très explosive au cours de ce cycle. Passionné à souhait, vous risquez de vous lancer tête première dans de nouveaux projets. Analysez soigneusement tous les angles, avant d'entreprendre quoique ce soit de nouveau. Parallèlement, le Soleil sera en trigone à votre Lune. Si vous évoluez dans le monde artistique à titre de peintre, chanteur, musicien, etc., vous serez très inspiré et reconnu à votre juste valeur. Cycle favorable pour vous procurer un instrument de musique.

MARS: Vénus est toujours en opposition avec votre Lune. Période importante pour toute activité en contact avec le public, en général, et avec l'élément féminin en particulier. D'une façon générale, vous mènerez une vie active et variée, avec de rapides changements d'ambiance.

AVRIL: Ici, Vénus se trouve encore en Bélier donc en opposition à votre Lune. Période durant laquelle votre sexualité se trouvera stimulée et où vos tendances amoureuses seront en éveil. Excellent mois pour tomber amoureux, mais il s'agira plutôt d'amour passion. Bref, les rapports affectifs seront facilités.

MAI: Mars en Lion formera un sextile à votre Lune. Fortes tendances à l'impulsivité. Risque de conflits avec l'entourage. De plus, avant d'accepter une proposition qui vous sera faite, réfléchissez aux engagements que cela entraînera. Peut-être vous faudra-t-il réviser votre jugement.

JUIN: Mars en Lion envoie d'excellents rayons à votre Lune. Vous aurez l'âme en fête et vous serez également très satisfait de votre sort. De plus, cette configuration vous permettra de vous épanouir davantage en compagnie des gens qui vous aiment.

JUILLET: Vénus en Gémeaux formera un trigone à votre Lune. Tout ce que vous avez imaginé, tous les projets que vous avez faits dans le domaine du rêve tendront à se concrétiser par des efforts volontaires. Bonne période pour les activités extérieures.

AOÛT: Durant cette période, la planète Mars formera une conjonction à votre Lune. Au point de vue physique, vous vous sentirez en grande forme, plein d'allant et d'énergie. Vous serez également sûr de vous, dynamique et enthousiaste. La fortune sourit aux audacieux; alors profitez-en.

SEPTEMBRE: Ici, Vénus en Lion vient envoyer des rayons positifs à votre Lune. Vous traverserez une bonne période sur le plan sentimental. Si vous êtes célibataire, la personne que vous rencontrerez et qui vous plaira sera une conquête pour la vie. Pas question de flirter ou d'espérer une victoire trop facile. Ce sera sérieux ou ce ne sera pas.

OCTOBRE: Si, à votre naissance, la Lune occupait le premier décan de la Balance, Vénus vous envoie ses rayons d'abondance. Vous connaîtrez une brusque remontée de votre cote de popularité. Cela vous fera incroyablement chaud au cœur que l'on vous apprécie ainsi. Toutefois, parallèlement Neptune formera un carré à votre Lune. Attention en voiture. S'il pleut notamment, ne roulez pas trop vite.

NOVEMBRE: Mars dans le Sagittaire en aspect avec votre Lune peut vous faire passer par toute la gamme de l'émotion. De plus, vous aurez bien des bâtons dans les roues. C'est votre conjoint ou partenaire qui devra prendre les choses en main en vous forçant à ne pas vous laisser aller.

DÉCEMBRE: Au cours de ce dernier mois de l'année, Mars, Mercure et Vénus formeront un sextile à votre Lune. Professionnellement vous devrez être extrêmement attentif, prêt à saisir au bond une occasion d'avancement inespérée et qui ne se représentera plus avant longtemps.

SI, À VOTRE NAISSANCE, LA LUNE SE TROUVAIT EN SCORPION:

ASPECTS ANNUELS: Lune carré Saturne, après le 10 novembre, Lune conjonction Jupiter

Lune conjonction Jupiter: Excellent transit sur le plan de la santé. Cette dernière est florissante par suite d'une amélioration de l'état en général. Cette bonne configuration attire la chance. Aussi elle inaugure une période où tout va pour le mieux, où vous réussirez tout ce que vous entreprendrez. Bon rayonnement personnel.

Lune carré Saturne: Cet aspect est difficile pour la santé chez la femme et la sécurité. Ce transit tend à saper l'énergie, provoque une grande fatigue et rend pénible tout effort physique. Baisse de tension artérielle, si vous y êtes sujet. De plus, mieux vaut, pendant la durée d'influence de ce transit, vous limiter aux travaux routiniers et même vous abstenir de toute action dès que vous vous apercevrez que les circonstances sont contraires.

JANVIER: Mercure en Capricorne formera un bon aspect à votre Lune. Vous aurez d'excellentes idées pour faire avancer votre carrière, et vous réussirez. De plus, vous aurez envie de bouger, de faire des visites ou d'en recevoir. Peut-être serez-vous exaucé!

FÉVRIER: Ici Mercure en Poissons projette ses rayons de joies à votre Lune. Résultats? Pierre blanche dans le mois. Il y a longtemps qu'il n'y avait eu un tel sentiment de compréhension profonde et réciproque entre vos proches et vous. Alors, profitez de l'occasion pour ouvrir votre cœur.

MARS: Sous les influences du trigone de Mars à votre Lune, ne critiquez donc pas tout. Pour vous ça n'est pas grave, l'ironie est une de vos formes d'expression favorites. Mais prenez garde aux personnes qui vous écoutent.

AVRIL: Cette période semble être plus favorable pour vous. En effet, Mercure et Mars formeront un trigone à votre Lune ce qui vous permettra d'atteindre vos objectifs, notamment si vous travaillez dans le monde du commerce ou de l'hôtellerie. De plus, vous chercherez par tous les moyens à accroître votre rendement. Comme vous êtes rapide de nature, vous ferez beaucoup plus d'ouvrage en un minimum de temps.

MAI: L'opposition du Soleil et de Mercure avec votre Lune vous donnera envie de liberté, de courir dans la nature avec le vent dans les cheveux! Essayez de prévoir un week-end de vacances, de dépaysement. Vous pourrez y rêver tout le mois!

JUIN: Entre le 2 et le 30, Mercure sera en trigone avec votre Lune. Sur le plan professionnel, vous trouverez sans trop d'efforts la solution d'un problème incroyablement ardu. À la maison, les relations avec vos proches seront excellentes, et vous obtiendrez facilement ce que vous désirez.

JUILLET: Vénus formera un aspect néfaste avec votre Lune. Attendez-vous à avoir de petits tiraillements conjugaux qui vous bouleverseront. Toutefois, un proche vous aidera à ne pas complètement vous désespérer et à ne donner à ces brouilles que l'importance qu'elles méritent.

AOÛT: Une période de bonheur se dessine sur votre ciel, grâce au sextile de Vénus avec votre Lune. Tout vous réussira. Une foule d'occasions de rencontrer des gens comme vous les aimez se présenteront. Vous baignerez dans l'exotique, l'anormal et le bizarre, bref, vous serez ravi. Sur le plan affectif, profitez de ce cycle pour vous rapprocher davantage de l'être aimé.

SEPTEMBRE: Mercure en Vierge envoie d'excellents rayons à votre Lune. Ce mois-ci, vous sortirez brusquement de votre coquille et déciderez de prendre les choses en main. Plus d'hésitations, plus de déprime, vous vous battrez farouchement.

OCTOBRE: Mercure et Mars en conjonction avec votre Lune vous aideront à profiter pleinement de la vie. De plus, vous recevrez des nouvelles qui contribueront à vous redonner de l'énergie. Une énergie farouche et indomptable! Au travail, profitez de ces transits pour régler les petits différends qui existent entre vous et certains collègues.

NOVEMBRE: Vous êtes sous les influences positives de la conjonction de Vénus avec votre Lune. Occupez-vous de votre foyer. D'ailleurs dès que vous mettrez le nez dans vos affaires domestiques, vous vous apercevrez que vous avez négligé une quantité de petits problèmes et que vous avez une masse de travail devant vous. Bonne chance!

DÉCEMBRE: Saturne dans le signe du Verseau en quadrature avec votre Lune fera que vous aurez de la difficulté à maîtriser vos émotions. Presque toujours prêt à exploser, vous ne pourrez tolérer que quelqu'un dicte votre conduite. Dans le domaine sentimental notamment, ne prenez aucune décision importante.

SI, À VOTRE NAISSANCE, LA LUNE SE TROUVAIT DANS LE SAGITTAIRE:

ASPECTS ANNUELS: Lune sextile Saturne, Lune sextile Jupiter

Lune sextile Saturne: Période de calme et de grande stabilité psychique par suite d'une meilleure maîtrise de vos émotions. Vous parviendrez mieux à vous concentrer, à approfondir les choses, à agir plus posément après mûre réflexion. Quelles que soient les circonstances, vous n'aurez en vue que les réalités concrètes; vous envisagerez toute situation avec sang-froid et d'une manière objective. Bonne période pour vous stabiliser dans tous les domaines.

Lune sextile Jupiter: Excès alimentaire et dérangement possible des fonctions digestives (estomac, foie). Nette tendance à la gourmandise, alors, surveillez-vous.

JANVIER: Mercure forme un sextile avec votre Lune. Cet aspect bénéfique vous entraîne dans un cycle de bien-être matériel, de joies sentimentales et de chance aux loteries et jeux. Cycle favorable pour participer à des fêtes, à des réusions avec amis ou parents, à des festivals, etc.

FÉVRIER: Entre le 3 et le 28, Vénus enverra un trigone à votre Lune. C'est donc le temps de produire dans le domaine intellectuel. Vous êtes apte à étudier plusieurs sujets avec une étonnante facilité et vous vous exprimerez aisément aussi bien oralement que par écrit. Cycle favorable pour commencer vos vacances hivernales.

MARS: Ce mois-ci, Vénus forme encore un trigone avec votre Lune, alors que Mercure lui enverra des rayons adverses. Conséquences? Au travail, discuter avec vos collègues sera vraiment difficile. D'une part, parce qu'exceptionnellement vous serez très directif, et d'autre part, parce que vos collaborateurs ne seront pas disposés à ce qu'on leur dicte leur conduite. De plus, si vous êtes engagé dans le domaine sentimental, surveillez vos réactions, car il y a un risque de mésentente.

AVRIL: Plusieurs aspects se dressent sur votre ciel du mois. Il s'agit de la quadrature Mercure et du trigone de Vénus dans le signe du Bélier. En amour, vous serez ardent et pressé d'aboutir à des résultats tangibles. De plus, vous aurez l'âme généreuse, voire même assez extravagante. Cependant, au travail, il y a de l'électricité dans l'air. Votre patron pourrait trouver que vous occupez beaucoup le téléphone et que vos amis sont un peu encombrants! Essayez d'être plus modéré en tout.

MAI: Mars, planète de l'énergie, formera un aspect positif avec votre Lune. Sans doute serez-vous soudain dévoré d'ambitions professionnelles, vous rêverez d'atteindre les plus hauts sommets. Avec de la patience, vous réussirez à améliorer votre situation. Alors courage, car vous êtes sous la protection des dieux.

JUIN: Ce mois-ci, le Soleil en Gémeaux fera une opposition avec votre Lune. Ce ne sera pas le moment d'en faire à sa tête surtout dans le domaine sentimentale. Respectez les opinions de votre douce moitié et tout ira pour le mieux. Vu d'un autre angle, vos plus grandes satisfactions, vous les aurez sur le plan matériel. Prati-

quement tout ce que vous entreprendrez sera voué à la
réussite.

JUILLET: Vénus en Gémeaux formera une opposition avec votre Lune. Du côté cœur, vous laisserez la
sagesse au vestiaire. Comme vous avez une sacré santé,
vous n'hésiterez pas à mener de front plusieurs aventures sentimentales surtout si votre Lune occupe le deuxième décan. De plus, vous aurez mille et une occasions de
faire d'agréables rencontres.

AOÛT: Alors que Mercure envoie toujours d'excellents rayons à votre Lune, Mars en Vierge forme une
quadrature à celle-ci. Résultats? Vous accorderez une
grande importance à votre toilette et à votre extérieur.
De plus, vous bénéficierez de coups de chance imprévus. Si vous cherchiez depuis plusieurs mois un travail,
vous le trouverez durant ce cycle.

SEPTEMBRE: Vénus formera un sextile avec votre
Lune. Vos rapports affectifs devraient être intenses et
passionnés. Donc, au lieu de vous inquiéter pour l'avenir ou de regretter le passé, vous savourerez les joies du
présent. Elles seront nombreuses, soyez-en assuré.

OCTOBRE: Si votre Lune se situe au premier décan, le Soleil formera un sextile avec celles-ci. C'est fou
ce que vous aurez comme imagination dans le domaine
des biens matériels et des transactions financières. Vous
trouverez des solutions très originales à vos problèmes
d'argent. Elles sortiront de l'ordinaire, mais se révèle-
ront très efficaces. N'est-ce pas l'essentiel?

NOVEMBRE: Ici, Mars vient se joindre à votre
Lune. Votre vie sentimentale a des chances de prendre
un nouveau départ. Cependant, si la personne que vous
venez de rencontrer n'est pas libre, réfléchissez bien
avant de vous engager. Inutile de tomber de Charybde
en Scylla!

DÉCEMBRE: C'est au tour de Mercure et de Vénus
de venir se joindre à votre Lune. Résultats? Vous serez
disposé à prendre des initiatives en vue d'améliorer vo-

tre situation matérielle. Certains auront même une entre-
vue avec leur patron, pour lui demander une augmenta-
tion de salaire. Vous voyez, vous vous débrouillez très
bien tout seul. Alors, n'écoutez pas les suggestions de
vos intimes.

SI, À VOTRE NAISSANCE, LA LUNE SE TROU-VAIT EN CAPRICORNE:

ASPECTS ANNUELS: Lune carré Jupiter, Lune con-jonction Uranus et Neptune.

Lune conjonction Uranus: Une dissonance Uranus-Lune annonce souvent un changement de domicile, un déménagement qui est souvent dû à des circonstances imprévisibles. Au point de vue de la santé, surveillez les fonctions de l'appareil digestif ainsi que celles de l'esto-mac.

Lune conjonction Neptune: Sous cette influence, par-fois votre imagination peut vous jouer de vilains tours. Méfiez-vous. De plus, soyez prudent surtout si vous pra-tiquer des sports nautiques ou durant vos baignades. Un accident est si vite arrivé. Vaut mieux prévenir que guérir.

Lune carré Jupiter: Tendance à la gourmandise, excès alimentaire. Dérangement périodique des fonctions diges-tives (estomac, foie). Prédisposition à l'obésité ou à l'en-flure.

JANVIER: Mercure forme une conjonction avec vo-tre Lune. Sur le plan matériel, vous n'aurez pas froid aux yeux. Plus une entreprise sera risquée, plus elle vous tentera. Méfiez-vous pourtant! Vous aurez telle-ment hâte de faire fortune que vous serez la proie rêvée des escrocs de tous poils. Malgré la protection de Jupi-ter, vous pourriez avoir une bien mauvaise surprise.

FÉVRIER: Ici, c'est la planète Vénus qui envoie des rayons incertains à votre Lune. Sur le plan sentimental, quel que soit votre âge, vous retrouverez la joyeuse insouciance de vos quinze ans. Vous accueillerez avec plaisir toutes les expériences excitantes. Ceux d'entre vous qui sont déjà engagés dans une relation amoureuse seront nettement favorisés. Alors, profitez pleinement de la vie.

MARS: Mercure en Poissons envoie d'excellents rayons à votre Lune. Encore durant ce mois, vous filerez le parfait amour, en oubliant le reste du monde. Au travail, le hasard jouera en votre faveur. Vous vous trouverez au bon moment, au bon endroit. Résultat, vous obtiendrez enfin carte blanche pour réaliser un projet qui vous tient à cœur et peut vous rapporter des gains supplémentaires.

AVRIL: Mercure envoie ses meilleurs rayons à votre Lune, alors que Vénus ne joue pas tellement en sa faveur. Vous pouvez vous attendre à passer par toute la gamme de l'émotion. De plus, ce n'est pas en avril que vous réussirez à mettre de l'argent de côté. D'abord parce que vous serez fâché avec ce que vous appelez les comptes d'apothicaire. Tout ce que vous gagnerez, vous le dépenserez aussitôt. Évidemment, ça facilite les choses. Cependant, vous risquez d'avoir de grosses difficultés financières. Alors, prudence avant tout.

MAI: Entre le 1er et le 21, le Soleil en Taureau fait un trigone avec votre Lune. De plus, cette dernière recevra une heureuse influence de Mercure. Conséquences? Vous aurez l'intention de vivre en harmonie avec les gens de votre entourage, et sur le plan professionnel, vous réussirez vos démarches avec succès. Une seule ombre au tableau; le carré de Vénus avec votre Lune pourra vous mettre les nerfs à fleur de peau. Alors, surveillez vos faits et gestes.

JUIN: Ce mois-ci, très peu de planètes touchent à votre Lune. Malgré tout, Vénus en Taureau lui envoie d'excellents rayons. Alors, vous ne risquez pas de connaître de temps mort dans votre vie affective. Passion, imprévu, élans pleins d'ardeur seront au rendez-vous. Profitez-en.

JUILLET: Ce mois-ci, c'est la planète Mars qui forme un trigone avec votre Lune. Vous continuerez à voir la vie en rose malgré tous vos ennuis. En effet, la douceur d'aimé vous aidera à triompher des pires difficultés. Malgré votre lucidité, vous croyez encore aux contes de fée.

AOÛT: C'est au tour de Mercure dans le signe de la Vierge de venir former un aspect harmonieux avec votre Lune. Vous éprouverez le besoin de sentir un accord profond entre votre partenaire et vous. Fantastique! De plus, vous vous emploierez l'un et l'autre à terrasser la routine et tout ce qui peut mettre votre amour en péril. De plus, cette période s'annonce idéale pour vos sorties mondaines.

SEPTEMBRE: Entre le 1er et le 12, Mercure en Vierge formera un bon aspect avec votre Lune. Vous aurez beaucoup de savoir-faire, et la manière adéquate de présenter les choses. Au lieu d'imposer, vous aurez l'air de proposer. Et tout le monde vous remerciera d'avoir pris les choses en main. À la maison comme au travail, vous aurez une entente quasiment parfaite avec les gens qui vous entourent. Toutefois, Mars au carré avec votre Lune demande de faire un petit bilan de santé qui vous permettra par la suite de prendre de sages décisions quant à votre régime. Mais encore faudra-t-il y tenir!

OCTOBRE, NOVEMBRE ET DÉCEMBRE: Durant ces mois, votre Lune recevra une forte opposition de la planète Mars en Cancer. Sous les influences de cet aspect, vous risquez de devenir très agressif et autoritaire. Efforcez-vous de garder votre sang-froid. Ou vous irez au devant de beaucoup d'ennuis. De plus, il vous faudra veiller à la sécurité de toute votre petite famille. Et si vous avez des enfants turbulents, attention aux allumettes!

SI, À VOTRE NAISSANCE, LA LUNE SE TROU-VAIT DANS LE VERSEAU:

ASPECTS ANNUELS: Lune carré Pluton, Lune conjonction Saturne, après le 10 novembre, Lune carré Jupiter.

Lune carré Pluton: Cycle de transformation intérieure. Période idéale pour regénérer ses énergies physiques et intellectuelles.

Lune conjonction Saturne: Période de stabilité, de calme et de réflexion. Vous aurez une meilleure maîtrise de vos émotions. Sur le plan familial, les liens familiaux auront tendance à se resserrer. Cependant, sur le plan de la santé, la digestion risque d'être plus lente et pénible. Assurez-vous d'avoir toujours une bonne alimentation.

Lune carré Jupiter: Période de chance pure, de plus grand confort et d'heureux contacts avec les gens. Vous allez jouir au maximum des bonnes choses de l'existence. De plus, vous ressentirez un plus grand besoin d'action, et vous accueillerez avec enthousiasme toute perspective de changement. Bon équilibre du système nerveux. Toutefois, surveillez votre alimentation.

JANVIER: Mercure en Verseau formera un bon aspect avec votre Lune. Ce bon transit apporte de la chance, du bonheur et une période heureuse sur le plan affectif. De plus, si vous désirez vous offrir des vacances hivernales, choisissez ce cycle pour partir.

FÉVRIER: Le Soleil sera en conjonction avec votre Lune. Ce passage marque une excellente période pour les facultés mentales, stimulant la logique et le jugement. De plus, ce transit favorise tous ceux qui sont aux études, qui se livrent à des activités intellectuelles quelconque. Sur le plan professionnel, période idéale pour signer des contrats et pour conclure des affaires importantes.

MARS: C'est au tour de Vénus en Bélier de former un bon aspect avec votre Lune. Tout en gardant ses principes, on devient plus ouvert et plus dynamique. Période au cours de laquelle vous vous sentirez jeune et alerte, ressentant un besoin intense d'action et de mouvement. Cycle idéal pour réussir une démarche par des arguments incisifs. Affirmation de la personnalité.

AVRIL: Vénus en Bélier forme encore un sextile avec votre Lune. Période durant laquelle vous éprouverez une sensation de vie intense et où vos tendances amoureuses seront en éveil. De ce fait, vous éprouverez le besoin de vous rapprocher davantage de l'être aimé, et ce dernier saura combler tous vos désirs. Si vous êtes célibataire, il y a de fortes chances que vous tombiez amoureux.

MAI: Ce mois-ci, Mars en Lion et le Soleil en Taureau envoie des rayons dissonants à votre Lune. Si récemment vous vous êtes fâché avec un ami ou un parent, vous aurez l'occasion de vous réconcilier après avoir dit tout ce que vous avez sur le cœur. Au travail, si vous agissez avec discrétion et tact, vous surmontrez bien des obstacles. Cela vaudra sûrement la peine de faire un effort.

JUIN: Vénus en Taureau formera un aspect motivant avec votre Lune. Vous travaillerez avec plus d'enthousiasme et cela vous permettra d'obtenir d'excellents résultats. Chacun aura de bonnes idées et tout le monde en bénéficiera. Que souhaitez de mieux? Sur le plan affectif, ce transit ajoute de la passion à vos relations.

JUILLET: Période plus difficile. Vénus et Mercure forment une opposition avec votre Lune alors que Mars en Vierge envoie aussi des rayons dissonants. D'une part, n'entamez pas vos économies pour des dépenses futiles. Vous pourriez le regretter très vite et ne plus savoir que faire pour vous sortir de l'ornière... D'autre part, attendez-vous à des relations difficiles avec votre entourage. Avant de parler, tournez sept fois votre langue dans votre bouche!

AOÛT: Durant ce cycle, Mercure sera en opposition avec votre Lune. Cependant, le Soleil en Lion ne vous fera pas de tort. Vous saurez tirer parti de vos expériences et vous adapter à ce que la vie exige de vous. Et ce sera en effet, le meilleur moyen de vous faire une place au soleil. Par ailleurs, vous devrez vous méfier des propositions trop belles pour être honnêtes. Votre jugement ne sera pas des meilleurs pendant cette période.

SEPTEMBRE: Mercure en Balance formera un beau trigone avec votre Lune. Vous aurez tendance à vous montrer plus sociable, à être plus liant avec les gens. Du côté affectif, vous aurez peut-être un nouveau soupirant, mais sur une base plus intellectuelle et plus amicale que sensuelle. On peut également s'intéresser à des mouvements de solidarité.

OCTOBRE: Vénus en Balance enverra des rayons de joie à votre Lune alors que Mercure et Mars ne joueront pas en sa faveur. Cela ne vous facilitera pas les choses, surtout si vous désirez conclure une affaire. Avant de signer un contrat ou un acte notarié, assurez-vous de votre bon droit. Et si vous le pouvez, évitez les discussions qui risquent de dégénérer en disputes.

NOVEMBRE: Entre le 9 et le 30, Mars en Sagittaire envoie de bons rayons à votre Lune. Cette période favorise la création dans les domaines artistiques et esthétiques, surtout dans l'art moderne. Dans un thème féminin, ce transit fait accorder une très grande importance à toutes les créations de mode, de coiffure et de produits de beauté ainsi qu'à tout ce qui consiste à donner un aspect très particulier mais séduisant. Alors, profitez-en.

DÉCEMBRE: Durant cette période des fêtes, Vénus gâte votre Lune de ses rayons positifs. Les satisfactions d'amour seront nombreuses mais sans que votre relation prenne une tournure passionnelle. L'amitié amoureuse prime avant tout. Bonne complicité entre vous et votre partenaire.

SI, À VOTRE NAISSANCE, LA LUNE SE TROUVAIT DANS LE SIGNE DES POISSONS:

ASPECTS ANNUELS: Aucune planète lourde ne touche ce signe, sauf Jupiter après le 10 novembre et Saturne qui se tient au 00 degré entre le 21 mai et le 30 juin.

JANVIER: Mercure et Vénus formeront un aspect bénéfique avec votre Lune. Excellente période pour tout travail intellectuel exigeant inspiration et improvisation. Cycle favorable au développement des facultés psychiques. Cependant, complications dans les amours par suite d'un manque de communication. Voyez-y.

FÉVRIER: Entre le 8 et le 28, Mercure sera en conjonction avec votre Lune. Sur le plan pratique, vous pourriez être fortement poussé par le désir de voyager. Si votre situation et vos moyens le permettent, envisagez la possibilité de faire un voyage par mer, de partir en croisière au cours de cette année. Vous garderez de beaux souvenirs de cette expérience.

MARS: Excellente période pour vos activités intellectuelles puisque Mercure sera encore en conjonction avec votre Lune en Poissons. Ce transit aura un effet très bienfaisant sur votre moral, surtout sur le plan sentimental. Bonheur parfait à la suite de circonstances romantiques. De plus, cette configuration stimulera vos dispositions artistiques, elle vous donnera de l'inspiration et vous rendra capable de créations. Excellent mois pour acheter un instrument de musique ou pour vous inscrire à un cours.

AVRIL: Durant ce cycle, Mars en Cancer et Mercure en Poissons feront plusieurs clins d'œil à votre Lune. Excellente combinaison qui saura stimuler votre personnalité. Phase d'exaltation mais dans un sens constructif. Bonnes réalisations dans le domaine du travail, car vous aurez la foi en votre réussite. Le succès vous tend la main.

MAI: Mercure en Taureau formera un bon aspect avec votre Lune. Vous êtes avantagé par la chance: les événements tourneront en votre faveur. Tout ce que vous entreprendrez réussira, et vos ressources financières pourront s'accroître considérablement. Profitez-en pour lancer une affaire importante, pour prendre des initiatives, car vos chances de réussite sont meilleures qu'en d'autres périodes.

JUIN: Vous ne vous sentirez pas à la hauteur ce mois-ci. Vénus en Gémeaux envoie des rayons négatifs à votre Lune. En amour, évitez de faire des promesses que vous ne sauriez tenir. Cela vous mettrait ensuite dans une situation difficile, même vis à vis de vos proches! De plus, si vous n'êtes pas en bonne santé, revoyez votre style de vie. Il y aura certainement des changements à y apporter. Plus de repos et moins de distractions, peut-être?

JUILLET: Mercure en Cancer formera un aspect bénéfique avec votre Lune. Vous vous sentirez plein d'allant, plein d'énergie, de dynamisme, en excellente forme et désireux de dépenser vos forces dans l'action. Bonne période pour les activités sportives. De plus, dans le domaine financier, la chance vous accompagne.

AOÛT: Ce mois-ci, les deux planètes de l'amour (Mars et Vénus) envoient des rayons dissonants à votre Lune. Sur le plan sentimental, risque de nombreuses disputes avec votre partenaire. Parfois même vous ne saurez plus si vous devez poursuivre cette relation. De grâce, ne prenez aucune décision importante durant ce cycle.

SEPTEMBRE: Entre le 1er et le 23, le Soleil en Vierge formera une opposition avec votre Lune. Vous n'aurez pas intérêt à monter une affaire en association. Sauf si vous détenez les commandements. Autrement, vous y laisserez des plumes. De plus, ce sera une période assez mouvementée. Ne prenez pas de risques inutiles, surtout dans votre travail.

OCTOBRE, NOVEMBRE ET DÉCEMBRE: Plu-
sieurs planètes dans le signe du Scorpion enverront
d'excellents rayons à votre Lune. Vous vous sentirez sûr
de vous, plein d'audace, dynamique et très enthousiaste.
Au point de vue physique, ce transit aura un effet stimulant sur votre système nerveux dont les réactions seront
plus rapides, et sur le cerveau qu'il rendra plus intuitif.
De plus, la chance vous accompagne dans la plupart de
vos réalisations. On dit que: «La fortune sourit aux audacieux». Alors, agissez en conséquence.

Les prédictions que vous venez de lire sont valables
pour chaque mois de l'année. Cet article complète vos
prévisions individuelles, celles-ci étant uniquement ba-
sée sur les influences du Soleil.

Pour profiter pleinement de votre horoscope personnel, il est indispensable que vous connaissiez dans quel
signe séjournait votre Lune et aussi chacune des planètes le jour de votre naissance. Ensuite, il vous suffira
de vous reporter aux explications suivantes.

Si vous n'avez pas en votre possession les données
de base de votre Carte du Ciel, vous pouvez me rejoindre à l'adresse et au numéro de téléphone indiqués à la
fin du livre.

Dressé un fois pour toutes, ce thème natal vous servira votre vie durant. Il vous permettra de tirer profit
non seulement de cet article, mais également de tous
ceux qui se réfèrent à la position des planètes dans les
signes et dans les maisons.

Vous aurez ainsi une vision très exacte de ce qui
risque de vous arriver dans le courant de chaque mois.

LA LOTERIE ET LES ASTRES

Dans cette rubrique sur la loterie, je ne vous fais pas de pronostics mais je vous donne des conseils qui vous seront précieux pour faire vos mises.

Le premier concerne des indications générales pour les mois.

Le deuxième désigne les joueurs qui, selon leur date de naissance ou décans, seront favorisés ou non par les astres.

Le troisième précise le moment où vous serez le mieux inspirés pour faire vos jeux. Choisissez ce moment pour remplir vos grilles, quitte à les établir plus longtemps à l'avance.

Enfin, je vous donne une série de nombres dont vous pourrez vous servir au cours de l'année.

JANVIER

Les plus favorisés au cours de cette période seront les natifs du Capricorne, premier décan, Verseau, premier et deuxième décans ainsi que tous les natifs du Scorpion.

BÉLIER: Vos chances sont limitées mais vous pouvez toujours jouer en association avec un des natifs favorisés. À cet effet, vous aurez plus de chances lors des tirages du 2, 13, 15 et 16 janvier.

CHIFFRES SUGGÉRÉS: 1-8-27-35-44-56-59

TAUREAU: Vous bénéficiez de bons atouts pour les lotos du 2, 6 et 17, notamment si vous êtes né entre le 11 et le 20 mai. Faites vos jeux intuitivement.

CHIFFRES SUGGÉRÉS: 2-6-11-19-27-45-57

GÉMEAUX: Vos chances sont limitées. Cependant, vous pouvez quand même jouer avec un des membres de votre famille, notamment s'il appartient aux signes du Scorpion ou du Verseau.

CHIFFRES SUGGÉRÉS: 10-18-26-29-33-38-40

CANCER: Les configurations ne vous sont guère propices. Abstenez-vous de jouer ce mois-ci.

LION: Il est préférable de limiter vos mises aux quatre derniers lotos du mois, en établissant vos grilles le 8 ou le 12 janvier.

CHIFFRES SUGGÉRÉS: 4-10-26-37-47-51-55

VIERGE: Vous bénéficiez de très bons atouts pour les lotos situés entre le 1er et le 20 janvier. Les plus favorisés sont les Vierge nés entre le 7 et le 19 septembre.

CHIFFRES SUGGÉRÉS: 3-9-10-26-34-45-51

BALANCE: Vos chances sont intéressantes mais seulement à la fin du mois soit à compter du 20 janvier. Entre temps, jouez en association avec l'un des signes favorisés par la chance.

CHIFFRES SUGGÉRÉS: 5-29-34-47-49-50-56

SCORPION: Grâce à la position de Vénus en Poissons, vos atouts sont très bons, particulièrement entre le 4 et le 31 janvier. Que vous apparteniez au premier, deuxième ou troisième décan, vous avez l'occasion d'aller décrocher le gros lot.

CHIFFRES SUGGÉRÉS: 7-12-19-26-35-38-42

SAGITTAIRE: Vous aussi faites partie des natifs favorisés en janvier. Composez vos grilles dans la première semaine du mois et vous vous retrouverez sur la liste étoilée de gagnants.

CHIFFRES SUGGÉRÉS: 1-24-29-35-39-42-44

CAPRICORNE: Comme le Soleil éclaire vivement votre signe, les natifs nés entre le 1er janvier et le 20 janvier pourront avoir une surprise agréable en misant intuitivement à la loterie.

CHIFFRES SUGGÉRÉS: 8-15-22-33-39-44-52

VERSEAU: Entre le 4 et le 31 janvier, la chance vous sourit. Pour vos bases, inspirez-vous des dates décisives de votre vie privée, familiale ou sentimentale.

POISSONS: Avec Vénus dans votre signe, vous bénéficiez de très bons atouts, notamment si vous appartenez au premier et au deuxième décan.

CHIFFRES SUGGÉRÉS: 2-8-14-17-27-33-48

FÉVRIER

Les plus favorisés durant cette période seront les natifs du Capricorne, deuxième et troisième décans. Les Poissons, premier et deuxième décans ainsi que les natifs du Scorpion.

BÉLIER: Entre le 3 et le 28 février vous aurez Vénus dans votre signe. Tout porte à croire que les Bélier nés entre le 21 mars et le 10 avril se retrouveront sur la liste étoilée de gagnants.

CHIFFRES SUGGÉRÉS: 3-7-12-17-28-37-43 ou prenez les dates marquantes de votre vie affective.

TAUREAU: Limitez vos mises aux derniers tirages du mois soit à compter du 20 février. De préférence, jouez en association avec un natif favorisé.

CHIFFRES SUGGÉRÉS: 4-11-18-26-37-56-57

GÉMEAUX: Il y a du pour et du contre. Vos chances sont intéressantes mais un peu réduites. Faites vos mises dans la première semaine du mois.

CHIFFRES SUGGÉRÉS: 5-9-11-16-27-34-51

CANCER: Concentrez-vous sur les tirages de la semaine du 7 au 14, et qui sait? La chance sera peut-être de votre côté.

CHIFFRES SUGGÉRÉS: 8-21-26-36-45-50-56

LION: Entre le 1er et le 19 février, effectuez vos mises en association. De cette façon, vous pourrez afficher votre nom sur la liste des gagnants.

Préparez vos jeux en vous inspirant des dates les plus heureuses au cours de vos vacances.

VIERGE: Les mois se suivent mais ne se ressemblent pas. Si vous en êtes capable, abstenez-vous de jouer durant ce cycle.

BALANCE: La chance vous sourit. Vous bénéficiez de très bons atouts au cours des trois premières semaines du mois.

CHIFFRES SUGGÉRÉS: 6-14-19-20-37-39-44

SCORPION: Oui, vous avez encore de la chance, notamment à partie du 19 février, particulièrement si vous appartenez au premier décan.

CHIFFRES SUGGÉRÉS: 7-13-30-38-42-48-54

SAGITTAIRE: Avec Vénus dans le signe du Bélier, vous figurez parmi les favoris de la chance pour les lotos du 3, 7, 10, 12 et 19.

CHIFFRES SUGGÉRÉS: 1-10-17-27-37-45-50

CAPRICORNE: Natifs du deuxième et du troisième décan, faites vos jeux intuitivement et votre nom sera affiché sur la liste étoilée des gagnants.

Pour les tirages du mois, inspirez-vous des chiffres liés à vos livres ou disques préférés.

VERSEAU: Vous bénéficiez de très bons atouts pour tous les tirages du mois.

CHIFFRES SUGGÉRÉS: 7-11-19-26-37-44-50

POISSONS: Lorsque Vénus transite notre deuxième maison solaire, on a toujours la chance de notre côté. Misez intuitivement afin d'avoir les meilleurs résultats.

CHIFFRES SUGGÉRÉS: 4-9-17-28-36-49-52

MARS

Durant ce cycle, ceux qui ont le plus de chance sont les natifs des Poissons deuxième décan, du Sagittaire deuxième décan et du Bélier premier décan.

BÉLIER: Vous bénéficiez de bons atouts dans la deuxième et troisième semaines du mois. Pour choisir vos chiffres de base, inspirez-vous d'objets très personnels ou de vos propres mensurations.

TAUREAU: Ne vous découragez pas. Il est encore préférable pour vous de jouer en association avec un des natifs favorisés.

CHIFFRES SUGGÉRÉS: 7-10-26-37-40-42-51

GÉMEAUX: Vos atouts sont moyens pour ce cycle. Cependant, si vous avez un des membres de votre famille natif des Poissons, faites vos mises en sa compagnie.

CHIFFRES SUGGÉRÉS: 1-18-28-37-45-49-52

CANCER: Il y a une lueur d'espoir pour vous, notamment entre le 1er et le 21 du mois. Faites vos mises intuitivement afin que votre nom figure sur la liste étoilée de gagnants.

CHIFFRES SUGGÉRÉS: 7-10-26-35-44-49-54

LION: Vous bénéficiez d'assez bons atouts grâce à la présence de Vénus dans le signe du Bélier. Pour vos mises, inspirez-vous des dates décisives de votre vie sentimentale.

VIERGE: Pas fameux ce mois-ci, à moins de miser en association avec un natif des Poissons, et Bonne chance, cher ami.

CHIFFRES SUGGÉRÉS: 3-12-18-27-37-45-54

BALANCE: Vos chances sont limitées pour les premiers lotos du mois. Par contre, la seconde partie de mars vous stimule et vous entraîne à jouer. Qui sait la chance sera peut-être de votre côté.

CHIFFRES SUGGÉRÉS: 4-14-18-26-37-42-54

SCORPION: Le Soleil en Poissons éclaire vivement votre maison de la chance. Conséquences? Vous bénéficiez d'excellents atouts pour toutes les loteries s'échelonnant entre le 1er et le 21 mars.

CHIFFRES SUGGÉRÉS: 6-10-26-36-42-52-55

SAGITTAIRE: Avec Vénus en Bélier vous pouvez avoir d'heureuses surprises. Alors, faites confiance en votre bonne étoile afin de décrocher une bonne part du gros lot.

CHIFFRES SUGGÉRÉS: 2-15-28-38-42-46-56

CAPRICORNE: Vous avez d'assez bonnes chances. Choisissez la première semaine du mois pour faire vos mises et jouez en association avec un natif des Poissons.

CHIFFRES SUGGÉRÉS: 7-21-29-37-45-46-51

VERSEAU: Avec le Soleil en Poissons, Dame Chance vous sourit largement. Vous bénéficiez d'excellents atouts pour tous les tirages du mois.

CHIFFRES SUGGÉRÉS: 4-9-11-19-27-37-45

POISSONS: Encore une fois, votre nom figure sur la liste étoilée de gagnants. Misez intuitivement afin d'obtenir les résultats escomptés.

CHIFFRES SUGGÉRÉS: 1-15-28-45-47-50-55

AVRIL

Nous sommes dans le mois du Bélier. Conséquences? Les natifs favorisés sont les Poissons deuxième et troisième décans, les Bélier et les natifs du Sagittaire et du Scorpion.

BÉLIER: Joyeux anniversaire, cher ami. Je vous conseille de miser à tous les tirages du mercredi au cours de ce mois.

CHIFFRES SUGGÉRÉS: 6-11-19-27-38-47-52

TAUREAU: Ce n'est pas encore votre mois de chance mais vous pouvez quand même jouer, car vos atouts sont relativement intéressants. Alors, confiance...

CHIFFRES SUGGÉRÉS: 5-10-14-18-28-37-44

GÉMEAUX: Vos chances sont intéressantes dans les deux premières semaines du mois, particulièrement si vous faites vos mises en association avec un parent natif des Poissons ou du Scorpion.

CHIFFRES SUGGÉRÉS: 7-14-27-38-45-52-55

CANCER: Vos chances sont assez limitées au cours des trois premières semaines du mois. Par contre, un ami Scorpion peut vous entraîner sur la liste étoilée des gagnants.

CHIFFRES SUGGÉRÉS: 2-9-19-28-35-45-50

LION: Cher ami, Vénus dans le signe du Bélier vous fait plusieurs clins d'œil. Donc, c'est le bon temps de misez aux loteries du 3, 7, 14 et 18.

CHIFFRES SUGGÉRÉS: 6-19-28-38-48-57-59

VIERGE: Certains disent que vous n'êtes pas trop amateur des loteries et jeux. Mais si vous possédez un ascendant Poissons, Scorpion ou Bélier, faites un petit effort et vous serez surpris des résultats.

CHIFFRES SUGGÉRÉS: 7-9-17-27-37-45-56

BALANCE: Vous bénéficiez de bons atouts pour les lotos du 7, 11 et 18. Amis Balance, faites confiance au destin et vous obtiendrez d'excellents résultats.

CHIFFRES SUGGÉRÉS: 6-9-16-28-38-40-46

SCORPION: Eh oui! La chance vous fait plusieurs sourires. Ne manquez pas le bateau! Il serait dommage de ne pas vous retrouver sur la liste étoilée des gagnants.

CHIFFRES SUGGÉRÉS: 7-17-27-37-42-48-50

SAGITTAIRE: Vous avez encore la chance d'avoir Vénus dans votre maison de la Chance. Alors, profitez-en en faisant vos mises intuitivement.

CHIFFRES SUGGÉRÉS: 11-19-29-36-39-44-48

CAPRICORNE: Vous bénéficiez d'assez bons atouts pour les premiers lotos du mois, mais vous gagnerez à vous concentrer sur ceux du 14 et du 18. Alors, bon succès.

CHIFFRES SUGGÉRÉS: 6-13-19-27-36-45-49

VERSEAU: Vos chances sont intéressantes en association avec un natif des Poissons, notamment s'il fait partie du cercle de vos amis. Faites vos mises intuitivement.

CHIFFRES SUGGÉRÉS: 1-7-27-38-47-52-56

POISSONS: Encore pour cette période la chance vous accompagne. La douce Vénus dans votre deuxième secteur solaire (argent) vous promet d'heureux résultats.

CHIFFRES SUGGÉRÉS: 3-9-18-28-38-49-51

MAI

Durant cette belle période printanière, les natifs susceptibles de se retrouver en tête de la liste des gagnants sont les Taureau deuxième et troisième décans, les Capricorne, les Vierge et les Poissons.

BÉLIER: Le Soleil en Taureau éclaire fortement un de vos secteurs d'argent. Par conséquent, vous bénéficiez de très bons atouts entre le 1er et le 21 mai. Faites vos jeux intuitivement.

CHIFFRES SUGGÉRÉS: 7-17-25-34-45-52-57

TAUREAU: Enfin votre nom figure sur la liste des gagnants. À vous de jouer et d'avoir confiance en votre bonne étoile. Bon Succès.

CHIFFRES SUGGÉRÉS: 1-7-26-36-45-48-51

GÉMEAUX: Vos chances sont intéressantes pour les deux premières semaines du mois, notamment si vous êtes Gémeaux ascendant Taureau ou Poissons.

CHIFFRES SUGGÉRÉS: 2-8-11-15-27-38-43

CANCER: Avec Mars dans votre deuxième maison solaire, vous serez porté à la dépense. Alors, au lieu de dilapider vos deniers par-ci par-là, misez de temps à autre un petit montant d'argent à la loterie.

CHIFFRES SUGGÉRÉS: 6-9-28-38-45-49-51

LION: Ce mois-ci, vos chances sont limitées. Toutefois, vous pouvez jouer en association avec un des natifs favorisés et bon succès.

CHIFFRES SUGGÉRÉS: 7-13-18-26-38-40-52

VIERGE: Le Soleil en Taureau éclaire vivement votre signe. Vous avez donc de petites chances de vous classer sur la liste étoilée des gagnants. Faites vos jeux intuitivement.

CHIFFRES SUGGÉRÉS: 4-16-28-38-45-47-51

BALANCE: Vos chances sont médiocres. Pour ne prendre aucun risque, jouez avec un des signes favorisés du mois.

CHIFFRES SUGGÉRÉS: 2-9-18-27-36-41-52

SCORPION: Ce mois-ci, vous aurez le goût du risque et de l'aventure. C'est pourquoi vous serez porté à dépenser plus qu'à l'accoutumée. Cependant, cette façon de faire sera-t-elle valable à la loterie?

CHIFFRES SUGGÉRÉS: 7-20-36-33-45-49-50

SAGITTAIRE: Avec Vénus dans votre maison de la chance vous pouvez vous permettre quelques petites folies. En effet, vous bénéficiez de très bons atouts ce mois-ci.

CHIFFRES SUGGÉRÉS: 1-9-27-38-45-49-54

CAPRICORNE: Vous figurez parmi les favoris de la chance pour les lotos du mois, notamment entre le 1er et le 20 mai. Bon succès.

CHIFFRES SUGGÉRÉS: 1-5-29-39-45-49-56

VERSEAU: Chers Verseau, vos atouts sont très bons pour les derniers tirages du mois, particulièrement à compter du 21. À ce moment-là, le Soleil brillera ardemment dans votre maison de la chance.

CHIFFRES SUGGÉRÉS: 6-9-18-27-30-35-40

POISSONS: Vous avez toujours la chance d'avoir Vénus dans votre maison de l'argent. Il va s'en dire que vous pouvez vous classer à la tête de la liste étoilée des gagnants.

CHIFFRES SUGGÉRÉS: 7-15-28-35-47-49-57

JUIN

Ce mois-ci, le Soleil parcours les signes des Gémeaux et du Cancer. Les natifs favorisés par ce passage solaire sont les Gémeaux deuxième et troisième décans, les Verseau, les Taureau et les Capricorne.

BÉLIER: Vous bénéficiez d'assez bons atouts pour les premiers tirages du mois, notamment entre le 1er et le 14 juin. Pour le choix des nombres, inspirez-vous des dates heureuses liées à vos vacances.

TAUREAU: Entre le 6 et le 30, Vénus, astre de la chance, viendra visiter votre signe. Durant cette période, vous pouvez vous permettre de miser quelques deniers à la loterie.

CHIFFRES SUGGÉRÉS: 5-8-10-27-38-46-51

GÉMEAUX: Ce mois-ci, la chance devrait vous sourire, particulièrement si vous appartenez au deuxième et troisième décans.

CHIFFRES SUGGÉRÉS: 3-9-17-28-37-43-53

CANCER: La planète Mars, celle qui donne le goût du risque, circule toujours dans votre deuxième maison solaire: celle de l'argent. Entre le 1er et le 23, vous bénéficiez d'assez bons atouts.

CHIFFRES SUGGÉRÉS: 3-7-19-23-37-42-51

LION: Vos chances sont intéressantes pour les 8 premiers lotos du mois. Vous pouvez trouver vos chiffres de base dans les dates marquantes de votre vie affective.

VIERGE: Vénus très bien située dans le signe du Taureau vous envoie ses rayons d'abondance. Servez-vous de votre intuition afin de bien combiner vos chiffres suggérés.

CHIFFRES SUGGÉRÉS: 1-19-27-37-45-47-53

BALANCE: Vos chances sont bonnes si vous jouez entre le 1er et le 21, particulièrement si vous avez un ascendant Taureau ou Capricorne.

CHIFFRES SUGGÉRÉS: 5-13-19-27-38-40-43

SCORPION: Vous bénéficiez de chances valables tout le mois. Cependant, il est préférable de vous concentrer sur les dates suivantes: le 23, 25 et 26.

CHIFFRES SUGGÉRÉS: 7-12-19-27-37-41-49

SAGITTAIRE: Entre le 1er et le 21, le Soleil sera dans votre signe opposé: les Gémeaux. Si possible, jouez en association avec un des membres de votre famille dont les signes sont favorisés.

CHIFFRES SUGGÉRÉS: 3-9-17-28-38-45-50

CAPRICORNE: Vous bénéficiez de très bons atouts tout au cours de ce cycle. Si vous êtes au mieux de votre forme, les chiffres clefs s'imposeront à votre esprit.

CHIFFRES SUGGÉRÉS: 6-10-26-37-45-49-51

VERSEAU: Avec le Soleil dans votre maison de la chance, vos chances sont très bonnes pour les lotos du mois. Si vous ne prenez pas les chiffres suggérés, prenez les dates heureuses de votre vie privée.

CHIFFRES SUGGÉRÉS: 4-9-15-28-37-49-51

POISSONS: Vos chances sont moyennes, notamment entre le 1er et le 21. Après cette période, votre nom figurera peut-être sur la liste étoilée des gagnants.

CHIFFRES SUGGÉRÉS: 5-17-27-37-39-45-49

JUILLET

Les natifs favorisés durant cette période seront les Gémeaux deuxième et troisième décans, les Verseau, les Cancer et les Lion nés entre le 31 juillet et le 11 août.

BÉLIER: Les lotos sont contre-indiqués ce mois-ci, ou alors limitez vos jeux aux tirages du 10, 16 et 17. Bonne chance.

CHIFFRES SUGGÉRÉS: 8-19-28-37-45-53-55

TAUREAU: Entre le 6 et le 31, Vénus occupera votre deuxième maison solaire: celle de l'argent. Durant cette période, vos chances seront valables, notamment si vous avez un ascendant Verseau ou Gémeaux.

CHIFFRES SUGGÉRÉS: 6-9-17-28-37-45-49

GÉMEAUX: Hé oui! La chance vous sourit. Ne la manquez surtout pas. Cependant, essayez de miser raisonnablement.

CHIFFRES SUGGÉRÉS: 5-10-26-38-46-49-54

CANCER: C'est le mois de votre anniversaire. Dame Chance sourira aux audacieux qui prépareront leurs grilles le soir en se servant uniquement de leur intuition.

LION: Le ciel ne vous soutient guère; ne prenez pas de risques. Attendez de meilleures configurations.

VIERGE: Avec Mars dans votre signe, vous serez porté à la dépense. Espérons que vos mises vous raporteront quelques deniers.

CHIFFRES SUGGÉRÉS: 3-12-19-28-36-40-41

BALANCE: Ce mois-ci, Vénus vous entraîne au pays des rêves! Vos chances sont donc valables pour tous les tirages du mois, particulièrement si vous jouez en association avec un Cancer ou un Poissons.

SCORPION: Vos atouts sont également intéressants entre le 1er et le 23. Servez-vous des dates de naissance de gens que vous aimez pour composer votre grille.

CHIFFRES SUGGÉRÉS: 5-11-18-26-37-45-48

SAGITTAIRE: Vos chances sont limitées au cours de ce mois. Associez-vous avec un Gémeaux ou un Poissons.

CHIFFRES SUGGÉRÉS: 1-9-26-38-45-47-55

CAPRICORNE: Ce mois-ci, le Soleil vient visiter votre signe opposé. Si vous désirez obtenir quelques beaux résultats à la loterie, jouez en association avec un membre de votre famille.

CHIFFRES SUGGÉRÉS: 2-22-28-35-38-40-44

VERSEAU: Entre le 6 et le 31, Vénus viendra visiter votre maison du plaisir et de la chance. Si vous partez en voyage, n'oubliez pas de miser quelques deniers à la loterie, car Dame Chance vous sourit.

CHIFFRES SUGGÉRÉS: 3-9-16-18-26-36-45

POISSONS: Il est de toute évidence que votre nom figure sur la liste étoilée des gagnants. Alors, faites vos jeux intuitivement, notamment pour les lotos du 3, 7, 9, 10, 14 et 17.

AOÛT

Les plus favorisés d'entre vous sont les deuxième et troisième décans du Bélier et du Cancer. Des configurations heureuses, moins importantes que les précédentes, mettront en valeur vos chances si vous êtes né dans le signe des Gémeaux et des Poissons.

BÉLIER: Vous avez l'occasion de récolter quelques petites sommes d'argent à la loterie. Pour trouver vos chiffres, vous pouvez vous inspirer d'une abondante documentation technique ou jouer avec une règle à calculer.

TAUREAU: Vos chances sont limitées ce mois-ci. Associez-vous avec le Bélier ou le Cancer, mais évitez momentanément le Capricorne.

CHIFFRES SUGGÉRÉS: 5-19-28-36-39-40-42

GÉMEAUX: Entre le 2 et le 28, Vénus viendra rendre visite à l'une de vos maisons de l'argent. Misez raisonnablement et qui sait, Dame Chance vous fera peut-être son plus beau sourire.

CHIFFRES SUGGÉRÉS: 6-10-26-36-47-48-51

CANCER: À vous la belle vie! Il y aura sûrement plusieurs gagnants parmi vous. Alors, misez peu mais misez bien afin de décrocher le gros lot.

CHIFFRES SUGGÉRÉS: 6-9-12-27-35-38-40

LION: C'est le mois de votre anniversaire et vous vous sentez bien dans votre peau. Le jour de votre naissance, la chance vous sourit.

CHIFFRES SUGGÉRÉS: 5-9-17-27-36-39-41

VIERGE: Il est préférable de vous abstenir de jouer ce mois-ci ou limitez vos mises aux tirages du 4, 13 et 18 en évitant les gros risques.

CHIFFRES SUGGÉRÉS: 6-11-18-27-36-39-45

BALANCE: Vous bénéficiez de bons atouts pour les deux premières semaines du mois, mais vous gagnerez à vous concentrer sur les tirages du 18 et du 21.

CHIFFRES SUGGÉRÉS: 5-11-19-26-38-41-44

SCORPION: Vénus dans le signe du Cancer vous envoie quelques petits rayons de gains, notamment si votre ascendant est Cancer ou Bélier.

CHIFFRES SUGGÉRÉS: 7-14-25-36-38-40-48

SAGITTAIRE: Chez vous, c'est le Soleil qui éclaire ardemment votre signe. Cependant, vos chances de gain sont quand même limitées. Alors, montrez-vous raisonnable.

CHIFFRES SUGGÉRÉS: 5-14-28-37-39-41-44

CAPRICORNE: Avec Vénus en Cancer, votre signe opposé, il est préférable de jouer en association avec un ami natif du Bélier ou des Gémeaux.

CHIFFRES SUGGÉRÉS: 2-10-20-28-37-40-48

VERSEAU: Vos chances sont assez bonnes, mais concentrez-vous sur les tirages du 4, 11 et 21.

CHIFFRES SUGGÉRÉS: 6-19-28-29-36-45-46

POISSONS: De belles surprises vous attendent si vous misez intuitivement entre le 2 et le 28 août.

CHIFFRES SUGGÉRÉS: 3-9-11-17-26-33-37

SEPTEMBRE

Pour cette période, les signes favorisés sont les Lion deuxième et troisième décans, les Cancer, les Taureau et les Bélier.

BÉLIER: Vous bénéficiez de très bons atouts, notamment entre le 1er et le 22. Grâce à la présence de Vénus dans votre maison de la chance, vous allez vous retrouver à la tête de la liste étoilée des gagnants.

CHIFFRES SUGGÉRÉS: 3-6-19-27-36-47-50

TAUREAU: Avec la présence du Soleil dans le signe de la Vierge, vos chances sont bonnes pour les tirages des deux premières semaines du mois. Faites vos jeux intuitivement et vous en sortirez gagnant.

CHIFFRES SUGGÉRÉS: 5-9-17-26-39-38-40

GÉMEAUX: Il est préférable de limiter vos mises ce mois-ci aux tirages du 4, 8 et 17. De plus, jouez si vous possédez un ascendant Lion, Cancer, Taureau ou Bélier.

CHIFFRES SUGGÉRÉS: 9-16-27-39-45-46-50.

CANCER: Vous figurez parmi les favoris de la chance pour les lotos du mois. Misez intuitivement afin de vous retrouver à la tête de la liste étoilée des gagnants.

CHIFFRES SUGGÉRÉS: 4-9-11-18-26-34-37

LION: Ce mois-ci, le Soleil réchauffe de ses puissants rayons votre secteur de l'argent. Conséquences? La chance vous sourit, particulièrement entre le 1er et le 23.

CHIFFRES SUGGÉRÉS: 4-14-27-38-45-47-50

VIERGE: Ce n'est pas encore durant ce mois-ci que vous ferez fortune à la loterie. Si vous désirez miser, faites-le les 8, 11 et 17, et qui sait, peut-être serez-vous comblé.

CHIFFRES SUGGÉRÉS: 2-19-23-26-36-39-43

BALANCE: Si vous êtes né entre le 12 et le 22 octobre, portez toute votre attention sur les premiers tirages du mois, soit entre le 1er et le 13. Vos chances sont assez bonnes durant cette période.

CHIFFRES SUGGÉRÉS: 7-13-18-27-37-45-49

SCORPION: Si vous désirez gagner à la loterie, misez en association avec un compagnon de travail relié aux signes du Lion ou du Bélier.

CHIFFRES SUGGÉRÉS: 1-9-26-29-35-39-44-

SAGITTAIRE: Il semble que Dame Chance vous abandonne. Alors, concentrez-vous sur les tirages des dates suivantes: le 8, 11 et 15 septembre.

CHIFFRES SUGGÉRÉS: 4-16-26-37-46-47-56

CAPRICORNE: Le Soleil réchauffe votre signe de ses précieux rayons. Bref, vous bénéficiez de chances moyennes durant ce cycle. Faites vos jeux intuitivement.

CHIFFRES SUGGÉRÉS: 3-14-18-27-39-40-50

VERSEAU: À cause de l'influence de Vénus dans votre signe opposé, il est préférable de jouer en association avec un natif du Cancer ou du Bélier.

CHIFFRES SUGGÉRÉS: 7-18-26-29-35-39-41

POISSONS: Ne croyez pas que la chance vous abandonne, car vous bénéficiez de bons atouts dans la troisième semaine du mois. Faites vos jeux intuitivement.

CHIFFRES SUGGÉRÉS: 1-7-10-16-26-37-44

OCTOBRE

Durant ce cycle d'automne, les natifs favorisés sont les Vierge, Balance premier décan, Gémeaux et Lion.

BÉLIER: Vous bénéficiez de bons atouts pour les lotos du 6, 8, 9 et 13. N'oubliez pas que la chance sourit aux audacieux.

CHIFFRES SUGGÉRÉS: 5-19-27-37-40-46-51

TAUREAU: Entre le 1er et le 16, Vénus vous envoie ses rayons d'abondance... Pour choisir vos chiffres de base, inspirez-vous des dates de naissance de vos enfants.

GÉMEAUX: Cher ami, Dame Chance vous sourit tout au long de ce mois, particulièrement si vous êtes né entre le 10 et le 20 juin. Composez vos grilles le soir en vous inspirant des dates marquantes dans votre vie.

CANCER: Vous avez moins de chance ce mois-ci. Cependant, si vous possédez un ascendant Vierge ou Taureau, misez de temps à autre un petit montant...

CHIFFRES SUGGÉRÉS: 6-19-26-29-35-38-51

LION: Entre le 1er et le 16, Vénus occupera votre secteur de l'argent. Si vous désirez figurer sur la liste étoilée des gagnants, n'oubliez pas de miser durant cette période.

CHIFFRES SUGGÉRÉS: 6-12-19-25-29-36-42

VIERGE: Enfin vous avez la chance de raffler le magot! Ne soyez pas timide en faisant vos mises, car Dame chance vous accompagne.

CHIFFRES SUGGÉRÉS: 7-13-20-26-37-39-44

BALANCE: Natifs du premier décan, c'est à votre tour de vous retrouver sur la liste étoilée des gagnants, particulièrement entre le 16 et le 31. Bonne chance.

CHIFFRES SUGGÉRÉS: 2-9-17-19-27-35-40

SCORPION: Avec Mars dans votre signe, vous aurez l'intention de doubler votre avoir. Mais, la chance sera-t-elle là? Mieux vaut jouer prudemment, car il est préférable de limiter vos mises.

CHIFFRES SUGGÉRÉS: 3-11-18-28-29-36-40

SAGITTAIRE: Vos chances sont aussi limitées aux lotos. Il vaut mieux pour vos finances vous abstenir de jouer.

CAPRICORNE: Vos atouts sont assez bons pour miser dans les deux premières semaines du mois. Faites vos jeux intuitivement.

CHIFFRES SUGGÉRÉS: 8-10-15-26-37-44-48

VERSEAU: Oui, vous pouvez vous en donner à cœur joie. Avec le Soleil dans le signe de la Balance, vous aurez peut-être d'agréables surprises.

CHIFFRES SUGGÉRÉS: 7-14-19-26-38-44-49

POISSONS: Vos chances sont assez intéressantes, notamment si votre ascendant est Vierge ou Taureau. Cependant, soyez prudent dans vos mises.

CHIFFRES SUGGÉRÉS: 1-7-16-19-25-37-41

NOVEMBRE

Qui sont les heureux élus ce mois-ci? Les natifs de la Balance, des Gémeaux et du Cancer. Suivent les Poissons et les Bélier.

BÉLIER: Ne dépensez pas une fortune aux lotos même si la chance vous sourit. À cet effet, je vous donne les dates des meilleurs tirages: 3, 10 et 13 novembre.

CHIFFRES SUGGÉRÉS: 5-18-29-35-39-40-41

TAUREAU: Non ce n'est pas votre mois! Si vous désirez miser, soyez raisonnable ou faites vos grilles en association avec un natif de la Balance ou des Gémeaux.

CHIFFRES SUGGÉRÉS: 8-14-19-27-36-38-44

GÉMEAUX: Vous avez de petites chances entre le 1er et le 9, notamment si vous faites partie du troisième décan.

CHIFFRES SUGGÉRÉS: 5-12-19-27-37-48-50

CANCER: À vous la belle vie! Si vous faites vos mises intuivement, votre nom figurera sur la liste étoilée des gagnants.

CHIFFRES SUGGÉRÉS: 6-12-19-27-37-41-50

LION: Parfois, il faut prendre des risques. Alors, n'hésitez pas à miser en association avec un natif de la Balance ou Cancer.

CHIFFRES SUGGÉRÉS: Tous les dérivés de 5 soit 14, 23, 32, 41, etc.

VIERGE: Comme vous êtes de nature prudente, vous ne prendrez, ce mois-ci que des risques calculés. Alors, je vous souhaite bonne chance, cher ami.

CHIFFRES SUGGÉRÉS: 1-10-16-26-30-31-40

BALANCE: La chance vous sourit, alors, souriez à la chance. Cher Balance, il est de toute évidence que votre nom figure sur la liste étoilée des gagnants.

CHIFFRES SUGGÉRÉS: 5-9-11-18-26-47-52

SCORPION: Pour votre anniversaire, désirez-vous décrocher le gros lot? Vous avez de très bonnes chances, alors, misez intuitivement les nombres qui vous tiennent à cœur comme l'âge de vos enfants, votre date d'anniversaire, etc.

SAGITTAIRE: Non, vous ne deviendrez pas riche ce mois-ci. Vaut mieux miser prudemment, notamment les 3, 10 et 13 novembre.

CHIFFRES SUGGÉRÉS: 2-9-17-27-36-47-52

CAPRICORNE: Le loto risque de ne pas vous réussir ce mois-ci. Ne prenez aucun risque financier, notamment si vous ne possédez pas un ascendant favorisé.

CHIFFRES SUGGÉRÉS: 7-14-19-26-37-40-48

VERSEAU: Pour vous, il y a une petite lueur d'espoir, mais au tout début du mois, soit entre le 1er et le 9.

CHIFFRES SUGGÉRÉS: 6-13-19-26-38-45-49

POISSONS: Il y a de l'indécision dans l'air! Est-ce que je dois jouer en association ou seul. Croyez-moi, si vous désirez figurer sur la liste des gagnants, misez en association avec un membre de votre famille.

CHIFFRES SUGGÉRÉS: 2-12-19-25-29-35-44

DÉCEMBRE

Durant ce cycle de festivités, les natifs favorisés par la chance se trouveront dans les signes du Scorpion deuxième et troisième décans, Lion et Sagittaire.

BÉLIER: Grâce à la présence de plusieurs planètes dans le signe du Sagittaire, vous bénéficiez d'assez bons atouts aux lotos. Faites vos mises intuitivement.

CHIFFRES SUGGÉRÉS: 5-19-26-38-47-49-50

TAUREAU: Ce n'est pas ce mois-ci que vous allez devenir riche. Vaut mieux vous abstenir de miser durant de cycle.

GÉMEAUX: En association ça va, mais seul vous serez déçu. Comme vous aimez parfois faire le contraire de ce que l'on vous recommande, je vous donne vos chiffres chanceux.

CHIFFRES SUGGÉRÉS: 3-9-17-27-37-40-46

CANCER: Jupiter en Scorpion fait que vous êtes un des natifs favorisés pour l'année 1993. Comme cette planète est dans votre secteur de la chance depuis le 10 novembre, tentez votre chance aux lotos.

CHIFFRES SUGGÉRÉS: 9-15-27-38-46-51-52

LION: Oui, Dame chance vous sourit. En effet, vous bénéficiez d'excellents atouts tout au long de ce mois.

CHIFFRES SUGGÉRÉS: 5-13-19-26-36-44-46

VIERGE: Durant cette période des fêtes, il est préférable de jouer en association avec un natif du Scorpion ou du Lion.

CHIFFRES SUGGÉRÉS: 3-9-17-28-38-46-50

BALANCE: Vos chances sont assez limitées durant ce cycle. Malgré cette constatation, misez quand même en compagnie de parents natifs du Scorpion.

CHIFFRES SUGGÉRÉS: 5-9-14-28-37-49-56

SCORPION: Vous figurez parmi les favoris de la chance pour tous les lotos du mois. Une ambiance très intime, un cadre familial ou amical très harmonieux devraient stimuler votre inspiration.

SAGITTAIRE: Vous êtes aussi en vedette ce mois-ci. Comme c'est la période de votre anniversaire, gâtez-vous un peu en vous procurant quelques billets de loterie.

CHIFFRES SUGGÉRÉS: 6-12-19-26-33-38-42

CAPRICORNE: Vous aurez peut-être une belle surprise si vous misez entre le 22 et le 31. Faites confiance en votre bonne étoile.

CHIFFRES SUGGÉRÉS: 3-13-19-26-33-37-44

VERSEAU: Si possible, abstenez-vous de jouer ce mois-ci; vos chances sont trop médiocres.

POISSONS: Il y a du pour et du contre. Vous pouvez quand même miser de temps en temps et, qui sait, peut-être que la chance vous sourira!

CHIFFRES SUGGÉRÉS: 5-12-19-26-34-38-40

VIERGE OU ASCENDANT

DU 24 AOÛT AU 23 SEPTEMBRE

CARACTÉRISTIQUES GÉNÉRALES

La Vierge est le sixième signe du zodiaque gouverné par mercure, communément appelée le Messager des dieux. Appartenant à la triplicité de Terre dont elle est le deuxième signe, ce royaume, symbolisé par une femme tenant entre ses mains une gerbe de blé non détachée du sol, nous montre que le grain doit mourir dans la terre pour pouvoir porter fruit. En d'autres termes, ce mois de la semence prouve à l'Homme qu'il récolte ce qu'il a lui-même semé. De plus, cette poussée créatrice souligne la naissance de la raison humaine. En outre, le raisonnement peut conduire à l'intuition sublime ou au matérialisme. Les principales caractéristiques de la Vierge son l'intériorisation du moi qui s'exprime comme suit: j'analyse, je travaille, je conserve, je raisonne car je suis intelligent, je critique puis je pratique l'économie du moi.

COMPORTEMENT GÉNÉRAL

Le natif de la Vierge se distingue par ses remarquables qualités d'ordre et par son sens de la précision, ce qui le fait mener à bon escient toutes ses entreprises. Modeste et timide, il préfère agir avec discrétion et sous la direction d'autrui pour être en mesure de démontrer ses véritables capacités. Gouverné par la logique avant tout, ses dons d'analyse en font un collaborateur irremplaçable, car avant d'embrasser une cause il sait criti-

quer, disséquer et soupeser les moindres détails. Par la
qualité de son raisonnement et sa grande facilité d'assi-
milation, il s'avère doué naturellement pour l'étude, car
son esprit de chercheur insatiable lui permet de devenir
un brillant érudit. Cérébral né, il se laisse difficilement
influencer par ses impulsions qu'il juge à l'encontre de
son jugement.

AMOUR

La femme Vierge ou ascendant

Pudique, scrupuleuse mais très honnête, la femme
Vierge ou ascendant se distingue par son élégance et sa
sobriété. Parfois trop méticuleuse et analytique dans le
choix de son compagnon, elle ne peut concevoir la mal-
propreté et la négligence chez l'homme de sa vie. Quoique très austère en apparence, elle se révèle être une
amoureuse inégalée dont la principale occupation est le
confort et la sécurité de son partenaire.

L'homme Vierge ou ascendant

Très discret et conservateur, le natif ou ascendant
Vierge se doit de conserver dans la plus stricte intimité
ses relations sentimentales. Démuni d'agressivité et de
manières séductrices, il choisit généralement une
femme intelligente et très ordonnée possédant l'art de
combler ses désirs et d'entretenir proprement un foyer.
Lorsqu'il lui livre son cœur sur un plateau d'argent, cet
homme se montre alors loyal, dévoué et devient un mari
exemplaire.

L'enfant Vierge ou ascendant

Le jeune natif de la Vierge se caractérise par sa
nature timide, réservée et dévouée, alimentée par un
puissant besoin de plaire et de charmer. Doté d'une
intelligence supérieure, il s'intéresse à tout mais il n'a
généralement rien d'un bavard. D'une sagesse souvent
exemplaire, cet être curieux étonne souvent ses parents
par ses réactions calmes et pondérées. Alors, si ces der-

niers prennent la peine de bien lui expliquer le pourquoi de leurs interdictions, il se montrera très discipliné.

Cependant, d'un caractère assez renfermé, l'enfant Vierge donne parfois l'impression d'être incapable d'aimer. Ne vous laissez pas prendre au piège de cette froideur. Elle n'est qu'apparente! Si ce petit personnage est peu expansif, c'est qu'il a beaucoup de mal à extérioriser ses sentiments. Mais cela ne l'empêche nullement d'être sensible, ni d'avoir le même besoin d'amour que les autres. Chers parents, soyez bien conscients de cela et manifestez-lui sans arrière-pensée toute la tendresse et la compréhension nécessaires pour qu'il puisse s'épanouir pleinement.

La Vierge et la vie conjugale

D'aucuns diront que les scènes de ménage sont le piment de la vie conjugale. C'est oublier à quel point elles peuvent être destructrices. Bien vivre à deux suggère pas mal de concessions mutuelles. Pour mieux comprendre votre partenaire, reportez-vous au paragraphe correspondant à son signe ou ascendant. Connaître les bons et les mauvais côtés de son caractère aidera à être plus heureux ensemble...

Si vous êtes marié à une Vierge, vous ne devrez pas vous attendre à de grandes démonstrations de tendresse. Ce n'est pas dans les manières de ce signe si plein de pudeur et de réserve. Mais vous pouvez certainement compter sur lui. Vous vous en apercevrez à des petits riens. Il sera toujours là pour vous tirer d'affaires.

Les natifs de ce signe sont des organisateurs nés et le hasard ne risque guère de vous réserver de mauvaises surprises. À tel point que cela peut, à la longue, vous sembler monotone. À vous de réagir contre les habitudes, et de vous arranger pour proposer à votre partenaire trop sage quelques petits moments de folie. Et surtout, ne vous laissez pas décourager par ses critiques. C'est dans sa nature d'attacher beaucoup d'importance aux moindres détails et de trouver que rien n'est parfait.

Si vous répondez du tac au tac, le ton risque de monter assez vite. Désarmez-le plutôt par votre bonne humeur. Et ne vous arrêtez pas à son apparente froideur. Préoccupez-vous de sa santé, intéressez-vous à son travail, entourez-le de soins. Au delà du paravent qu'il place entre les autres et lui, vous découvrirez un être chaleureux et aimant qui gagne à être connu.

PLANÈTE GOUVERNANTE: MERCURE

Mercure gouverne les manifestations de l'esprit et du savoir humain dans le domaine scientifique, donc sur le plan matériel et pratique. Il est un facteur de progrès dans tout genre de technique, aussi bien en mécanique et en chimie qu'en d'autres branches.

Lorsque l'influence mercurienne domine fortement dans une carte du ciel, elle se caractérise par l'apparence alerte, souple et agile du sujet et par un visage expressif. Mais au revers de la médaille, une dominante mercurienne «maléficiée» peut occasionner un dérangement des facultés mentales. Comme Mercure est le dieu des commerçants, négativement il devient celui des voleurs et ceci se vérifie facilement dans un thème sous de mauvais aspects.

COMPORTEMENT EN AFFAIRES

De nature cérébrale, analytique et ordonnée, le natif de la Vierge est avant tout doué pour la recherche et l'administration. De plus, il s'avère être un collaborateur apprécié pour sa méticulosité, sa précision et sa ponctualité ainsi que pour son sens de l'économie. Derrière son apparence réservée et timide, se cache un être aux aspirations prestigieuses visant l'aisance et la sécurité matérielle. Laborieux et déterminé, il projette très jeune la réalisation de tous ces objectifs.

Financièrement, grâce à son sens pratique et méthodique, il connaît alors aisément le confort et même la richesse sans toutefois ménager ses efforts pour accumuler davantage d'argent. Normalement, ses transactions se font lentement mais sûrement. De plus, ceux qui sont en affaires avec ce natif, ne doivent pas oublier de rembourser leurs dettes, car cet administrateur risque de les importuner par ses sollicitations et sa critique.

CHOIX DE CARRIÈRE

Par ses qualifications, il réussit donc dans les professions telles que comptable, mécanicien, administrateur, chimiste, infirmier et diététicien.

LES DÉCANS DE LA VIERGE

PREMIER DÉCAN, GOUVERNÉ PAR LE SOLEIL ET MERCURE
Du 23 août au 3 septembre

Sous l'influence solaire, ce natif se distingue par sa nature timide, modeste et laborieuse, capable d'entreprendre les tâches les plus ardues. Lucide et observateur, il s'avère un peu trop porté à l'analyse et à la critique.

DEUXIÈME DÉCAN, GOUVERNÉ PAR VÉNUS ET MERCURE
Du 4 septembre au 13 septembre

Le natif de ce décan se caractérise par sa nature ambitieuse, chaleureuse et aimante complétée par un sens inné des affaires et du commerce. Ordonné à l'extrême et conscient de ses responsabilités, il possède d'incomparables qualités pratiques accompagnées d'une puissante conscience professionnelle, ce qui lui permet d'obtenir inévitablement le succès dans ses entreprises.

TROISIÈME DÉCAN, GOUVERNÉ DOUBLEMENT PAR MERCURE
Du 14 au 23 septembre

Cette double influence mercurienne lui donne un tempérament calme et réaliste, une grande droiture et une prédisposition à travailler pour autrui plutôt que pour lui-même. Ce natif s'intéresse à des sujets variés mais s'avère dépourvu d'imagination pour créer, car c'est la logique et la raison qui dirigent son existence.

INFLUENCES PERSONNELLES SUR VOTRE VIE

Comment retrouver votre ligne après les fêtes

Avez-vous eu le courage de vous peser demièrement? Peut-être pas! Vous savez bien que chaque année à cette époque, vous avez tendance à prendre quelques kilos. C'est si difficile de s'atreindre à un régime pendant les fêtes!

Ne vous désolez pas. Vous avez bien profité, maintenant il faut contre-attaquer. Avec un peu de bonne volonté et de persévérance, vous aurez tôt fait de perdre votre excès de poids.

Cependant, pour que vos efforts soient couronnés de succès, mettez tous les atouts de votre côté. Servez-vous de l'astrologie, qui vous aidera à maigrir sans peine et, surtout, à ne pas reprendre les kilos perdus au bout de quelques semaines.

Sachez que chaque signe adopte en effet un comportement bien particulier à l'égard de la nourriture. En outre, certains natifs ont davantage tendance que d'autres à prendre de l'embonpoint, et pas toujours à cause des mêmes aliments.

Aussi, pour que votre régime se révèle efficace en un temps record, lisez vite ceci:

Si vous êtes virginien à cent pour cent, vous êtes mince, voire maigre, sec et nerveux, avec une silhouette longue et des attaches fines. Par conséquent, vous n'êtes nullement obsédé par votre poids.

Seulement, le type pur est rare. Il suffit que votre ascendant se situe en Taureau, en Cancer, en Balance ou en Scorpion, et que Jupiter se mette de la partie, pour que vos ennuis commencent.

Étant un grand anxieux, vous avez tendance à grignoter, par pure nervosité. C'est également votre nervosité qui vous donne des fringales excessives.

Comme vous avez besoin de justifier vos moindres actes, vous vous dites que vous mangez uniquement pour combattre votre fatigue.

Dans les grands moments de stress, vous êtes capable d'engouffrer des quantités incroyables de nourriture, surtout si votre ascendant est dans le Taureau ou en Cancer.

Heureusement, un fanatique des régimes et de la diététique sommeille en vous. Quand vous constaterez que vous êtes en train de mettre votre santé en danger, vous redevenez raisonnable.

Première règle à respecter pour que votre régime soit efficace: attablez-vous tranquillement pour prendre vos repas. Et ne vous avisez pas de lire en mangeant, sous prétexte que le temps passé à déjeuner ou à dîner est du temps perdu. Bien au contraire! Vous devriez le savoir, vous qui êtes un farouche partisan d'une bonne hygiène de vie.

Tâchez aussi de chasser toute préoccupation de votre esprit pendant ces moments privilégiés de la journée. Si vous êtes énervé, contrarié, ce sont vos intestins, votre point faible, qui vont en subir les conséquences.

Maintenant, vous êtes enfin prêt pour commencer votre régime. Bonne chance!

SEXUALITÉ

Pour être bien dans votre peau, avoir une vie sexuelle riche et équilibrée, vous devez avoir confiance en vous. Sachez ce que vous voulez, ce dont vous avez besoin. Cultivez votre charme et dites-vous bien qu'il n'est pas nécessaire d'être beau pour séduire.

Comme vous appartenez à un signe de Terre (Taureau, Vierge, Capricorne), vous adoptez le plus souvent, vis-à-vis de l'amour, une attitude saine et naturelle, qui vous éloigne des tourments de la passion.

Vous pouvez cependant vous révéler très passionné dans l'intimité et même très sensuel, ce qui surprend nombre de vos partenaires, déroutés par vos abords un peu froids et assez distants.

Par contre, vous ne prêtez pas toujours l'attention qui convient à votre apparence physique. Un petit effort pour vous mettre en valeur ne serait pas inutile. Pensez-y! C'est avec les signes de Terre et d'Eau que vous vous entendez le mieux.

En tant que signe mutable, vous avez tendance à vivre votre sexualité en intellectuel. Pour être bien avec l'autre, vous devez vous sentir en communion d'esprit avec lui. Vous vous laissez alors aller à la tendresse et même à la passion.

Vous êtes d'ailleurs assez observateur pour ne pas vous tromper sur les êtres, et découvrir très vite ce qui vous attire ou vous repousse chez eux.

Vous n'aimez pas ce qui sonne faux dans une personnalité et seuls les êtres naturels vous attirent. Mais ce n'est pas une raison pour refuser les moyens de vous mettre en valeur, en changeant de coiffure, de façon de vous habiller ou en vous maquillant légèrement. Vous vous sentirez plus sûr de vous et les autres vous découvriront plus de charme qu'avant.

Vous venez de lire la description générale de votre signe. Voici maintenant ce qui vous attend sur le plan individuel pour 1993. Les prévisions qui suivent, déjà complètes, seront encore détaillées pour chaque mois. Vous aider à mieux vivre, à désarmer la malchance, à saisir les chances qui se présentent, voilà mon but.

Lisez attentivement ce qui vous concerne et lorsque l'influence des astres change avec les décans, je vous le précise. Si vous ne savez pas encore à quel décan vous appartenez, revoyez la description de votre signe aux pages précédentes.

PRÉVISIONS INDIVIDUELLES

CLIMAT GÉNÉRAL

Une période très active, des occasions intéressantes dans bien des domaines, et des chances uniques aux jeux de hasard, voilà ce que vous promet 1993.

Enfin, jupiter, le Grand Bénéfique arrive dans votre deuxième secteur solaire: celui de l'argent. Ce bon transit de l'astre de la Grande Fortune constitue l'influence la plus bénéfique au point de vue de la chance, du bonheur, du confort, alors, profitez-en! Vous êtes littéralement plongé dans une ère de nouveauté comportant de multiples changements avantageux. Cette année, à cause des influences positives de Jupiter, vous pénétrez dans une période stimulante durant laquelle vous serez en mesure de mettre en évidence toutes vos capacités afin de vous affirmer pleinement.

Eh oui! Tous les natifs de la Vierge vont bénéficier des influences positives des astres. En outre, vous évoluerez avec un tempérament à la fois alerte, enthousiaste et très avant-gardiste afin de manifester vos intentions; puis, faisant preuve de versatilité, vous aurez l'intention de changer beaucoup de choses dans votre vie.

Par la force de certains événements, vous partirez à la conquête de nouveaux horizons. Par contre, votre principale occupation sera de vous trouver un associé ou

compagnon de route susceptible de vous épauler vigou-
reusement dans la poursuite de vos objectifs, principa-
lement orientés dans le domaine monétaire. Selon les
circonstances entourant la rencontre de cet être idéal,
vous devrez soigneusement définir vos terrains respec-
tifs afin d'éviter tous les risques de rivalité. En d'autres
mots, c'est par votre détermination et votre tenacité que
vous tirerez profit de vos expériences vécues au niveau
professionnel et social.

Entre le 1er janvier et le 10 novembre, vous prendrez
les mesures nécessaires pour mettre de l'ordre dans votre vie. À la maison notamment, vous verrez à ce que les
heures de repas soient plus régulières et à ce que chacun
apporte sa collaboration à l'entretien ménager. Fini le
temps de l'esclavage, chacun devra faire sa part. Puis,
vous mettrez également en évidence votre pouvoir de
gestion et d'administration afin de mieux organiser votre budget. Vous ferez preuve de prévoyance dans le but
de parvenir, par des économies, à vous constituer un
petit avoir dans un avenir rapproché.

Natifs du premier et du troisième décan, vous serez les plus choyés. En effet, votre ambition sera accrue.
Même que vous serez prêts à sacrifier beaucoup au secteur professionnel dans le but d'augmenter considérablement vos revenus. Durant les neuf premiers mois de
l'année, vous pourrez voir se matérialiser des projets de
grande envergure. Osez prendre des décisions. Et surtout ne freinez pas les événements par peur de l'échec.
Le statisme vous serait très négatif.

Natifs du deuxième décan, la situation semble également se clarifier pour vous. Certaines orientations prises en 1992 se précisent. 1993 ne sera pas une période
de changements d'importance, mais bien plutôt une époque d'affirmation de soi. Mais certaines contraintes
extérieures causées par les influences incertaines de
Neptune et d'Uranus en Capricorne vous obligeront à
suivre un mode de vie plus régulier, plus strict. Vous

essaierez d'utiliser votre temps d'une manière plus efficace, sacrifiant même certains loisirs. Certes, le début
de l'année paraîtra difficile aux natifs les moins évo-
lués. Ils se sentiront brimés ou frustrés devant certaines
circonstances de la vie. Par contre, pour les Vierge plus
avancées dans leur évolution, cette période va leur permettre de poser des bases solides pour leurs projets.

AMOUR

Ça va bouger dans votre vie affective cette année!

Avec les influences incertaines sur votre secteur des
amours, propulsées par Uranus et Neptune en Capricorne, le climat s'annonce critique pour tous les sentiments qui ne sont pas profonds et vrais.

Les fausses amitiés, les attirances illusoires n'y résisteront pas. Vous aurez probablement besoin de mettre
de l'ordre dans votre cœur en faisant table rase de tout
ce qui ne repose pas sur du solide.

Si vous êtes né entre le 23 août et le 3 septembre,
les influences incertaines de Mars dans le signe du Cancer se chargeront de chambarder votre vie affective,
notamment entre le 1er janvier et le 28 avril. Selon vos
états d'âme, vous pourrez passer d'une extrême pos-
sessivité à un détachement parfait. Entre vous et votre
partenaire, il ne s'agira pas vraiment d'une rupture décisive, mais plutôt d'un règlement de compte. Il n'est
pas impossible que de nouvelles aventures dans votre
vie ou celle de votre partenaire n'amènent ces scènes de
jalousie. Ceci servira de prétexte à certains d'entre vous
pour changer de partenaire ou reprendre votre liberté.
Rupture ou pas, les portes vont claquer. Attention toutefois aux paroles dures, dépassant peut-être votre pensée
et qui peuvent laisser des cicatrices indélébiles dans le
cœur de l'autre.

Vu d'un angle plus positif; vous ne vivrez pas dans
ce climat d'agitation toute l'année. À partir du mois de
mai, vous prendrez en main votre destin affectif. Heu-

reusement! À cette période, vous vous montrerez beaucoup plus compréhensif. Ce sera de nouveau la belle
vie. Votre union sera à vos yeux votre plus grande réussite. Vous vous efforcerez de réparer les dégats causés
par votre nature imprévisible.

Si vous êtes né entre le 4 et le 13 septembre, vous
aurez probablement de la difficulté à faire face à la
réalité dans le domaine des sentiments. Ce n'est pas
étonnant puisque la planète Neptune en mauvais aspect
avec Mars sera susceptible de vous influencer. En effet,
vous éprouverez le besoin de vivre librement sans trop
connaître la raison de ce sentiment. Si votre relation
actuelle ne vous satisfait pas, vous donnerez libre cours
à vos revendications. Cet aspect sera particulièrement
puissant chez ceux d'entre vous qui ont une liaison mais
qui ne peuvent vivre ensemble à cause des circonstances. Plus que jamais, vous sentirez les contraintes que
vous impose une telle situation et vous aurez plus de
mal à les accepter.

À partir de juillet, les aspects seront plus propices au
bonheur. La discussion sera plus facile et vous pourrez
retrouver une union plus équilibrée.

Si vous êtes né entre le 14 et le 23 septembre, vous
ne serez pas commode cette année. Mais alors, pas commode du tout!

Dès le début de 1993, essayez de savoir exactement
ce qui cloche dans votre ménage et pourquoi vous avez,
parfois, des ennuis conjugaux. Si vous adoptez la politique de l'autruche, vous serez perdu. Plus vous fermerez
les yeux sur la réalité, plus vous aurez du mal, ensuite,
à redresser la situation. C'est en luttant pour sauvegar-
der l'équilibre de votre couple que vous chasserez le
mieux vos idées noires.

Au cours du mois de mai, les très bons aspects que
le Soleil formera avec votre cinquième maison solaire
(amour), vous aideront à réagir. Ils vous donneront le
tonus et l'assurance nécessaires pour poursuivre vos ini-

tiatives. Tenez bon, car vous aurez droit, vous aussi, à votre part de bonheur.

FINANCES

Excellentes perspectives pour 1993. La chance vous sourit aussi bien dans vos transactions qu'à la loterie.

Vous aurez la chance d'atteindre tous vos objectifs. Grâce à Jupiter qui séjournera dans le signe de la Balance entre le 1er janvier et le 10 novembre, vos rentrées seront facilitées. Vous pourrez gagner de l'argent sans faire de gros efforts. Toutes les formes de commerce, toutes les activités touchant de près ou de loin au secteur commercial se trouveront grandement favorisées. De plus, vous verrez sûrement apparaître votre nom en tête de la liste étoilée de gagnants aux divers jeux de hasard.

Natifs du premier et du deuxième décan, vous serez choyés. Même si vous dépensez autant cette année, voire plus que d'habitude, vous pourrez mettre de côté des sommes rondelettes. Par quel miracle? Très simple! Vos rentrées d'argent seront beaucoup plus importantes que les années passées. De plus, vous vous attacherez davantage à réaliser des placements fructueux qu'à vous complaire dans des dépenses futiles. Cette attitude avisée portera ses fruits durant les mois de mars, juin et juillet.

Natifs du troisième décan, c'est le moment ou jamais de vous occuper de vos affaires d'argent. Jupiter, dans votre secteur des gains, vous rendra plus optimistes qu'à l'accoutumée. Résultat! Vous aurez la chance de faire fortune dans plusieurs domaines. Gens d'affaires, vous atteindrez facilement tous vos objectifs. Vos transactions seront fructueuses, notamment entre le 1er janvier et la mi-août. Si vous désirez placer une somme d'argent, agissez en toute sécurité au cours des mois de mars, juin et juillet. De plus, si vous avez l'intention de vous lancer dans le monde du commerce, n'hésitez pas à réaliser ce rêve dans les premiers mois de l'année.

VIE PROFESSIONNELLE

Dans ce domaine, Jupiter vient aussi vous donner un sérieux coup de pouce.

Oh! vous ne serez pas plus compétent que d'habitude, mais vous conscentirez enfin à vous mettre un peu plus en avant! De ce fait, votre vie professionnelle sera remise en question. Vous ne voudrez plus être esclave de la routine et chercherez un milieu où affirmer votre individualité et vivre de nouvelles expériences. Le mois de mars sera l'occasion de faire vos preuves, car vous serez en pleine effervescence créatrice. À la même période toutefois, évitez de changer de travail. Les astres ne joueront pas en votre faveur, et vous pourriez commettre une erreur regrettable. Cependant, à l'automne, vous aurez la main heureuse avec les emplois de courte durée (contrats, pige, etc.) durant les mois de septembre et octobre.

Natif du premier et du deuxième décan, vous attaquerez l'année avec un regain d'énergie, fonçant tête baissée dans des projets qui vous tenaient à cœur depuis longtemps. Vous serez plus résolus que jamais dans vos entreprises; votre activité cérébrale sera à son paroxisme, mais attention toutefois à la tension nerveuse qui pourraît en découler.

Vers le mois de mars, vous ressentirez un urgent besoin d'engagement social, qui se traduira par un désir sincère d'aider les gens. Un changement dans votre position professionnelle s'annonce dès le mois d'avril et ce, pour une période d'environ quatre mois. La chance vous fera plusieurs clins d'œil durant l'année, soyez au rendez-vous.

Natif du troisième décan, vous obtiendrez assez facilement votre place au soleil. Dès les premiers mois de l'année, vous êtes appelé à faire une rencontre capi-

tale qui transformera radicalement votre vie professionnelle. Laissez-vous aller à cette influence positive. Par
la suite, vous abattrez une quantité de travail impres-
sionnante, et vous consoliderez votre position sociale.
Si vous êtes en affaires, vous ferez preuve de plus de
discernement dans le choix de vos associés et vous en
tirerez le plus grand bénéfice. On pourra vous solliciter
de tous côtés, dans la deuxième semaine d'avril, et des
gens influents vous accorderont leur confiance. Pour
terminer l'année en beauté, vous concrétiserez vos projets par des réalisations brillantes.

SANTÉ

Ce n'est pas non plus votre santé qui vous donnera des soucis.

Elle sera florissante pour la majeure partie de l'année. Vous aurez le teint frais, les joues roses et une
apparence physique séduisante. Ce sera une période de
grande forme et de vitalité à compter du 1er janvier.
Cependant, soyez vigilant à l'automne. Poumons et organes génitaux seront vulnérables; ne vous exposez pas
à des risques inutiles. Il vaut mieux prévenir que guérir.

AFFINITÉS DE LA VIERGE
AVEC LES AUTRES SIGNES

SUR LE PLAN CONJUGAL

Vierge avec Bélier

C'est une association idéale. Chère Vierge, vous dé-
bordez d'admiration pour votre partenaire Bélier. Quant
à ce dernier, il sait très bien combler tous vos désirs.
Donc, vous vous entendez à merveille. Pour cette année,
vous continuerez à évoluer dans ce climat d'harmonie.
Dans l'ensemble, vous n'aurez pas de gros problème
sentimental. Tout ira bien tant que vous respecterez les
idées et les besoins de votre partenaire. D'ailleurs, vous
n'aurez pas du tout l'intention de vous quereller. Votre

principale occupation consistera à rendre heureuse votre
douce moitié.

Vierge avec Taureau

Même si la nature vénusienne de votre partenaire
vous plaît, elle ne peut pas freiner totalement votre tempérament changeant et mobile. Et celà, vous le savez
très bien. C'est pour cette raison que vous avez parfois
de la difficulté à vous comprendre. Mais pour cette année, vous aurez la chance de faire bon ménage. Votre
sensuel Taureau vous surprendra par son comportement
beaucoup plus dégagé. Il sera ouvert aux dialogues, très
compréhensif devant les difficultés de la vie et prêt à
partir en voyage lorsque vous lui demanderez. Voilà qui
est merveilleux! En vérité, vos relations auront beau être
tumultueuses, elles résisteront certainement à l'épreuve
du temps.

Vierge avec Gémeaux

Formez-vous un couple idéal? Certains diront oui,
d'autres diront non. Toujours est-il que pour cette année, vous vivrez des moments palpitants et excitants.

Jupiter sera dans votre deuxième maison solaire,
vous aurez donc certainement l'intention de vous payer
du bon temps. Jusqu'à la fin du mois d'août, il ne faudra
pas vous parler de prudence en matière d'argent. Vous
vous payerez toutes les fantaisies. Vous gâter mutuelle-
ment sera votre principale occupation que ce soit sous
forme de cadeaux, de voyages d'agrément, etc. Enfin,
vous ne reculerez devant rien pour vivre heureux en
compagnie de votre partenaire.

Vierge avec Cancer

Le natif du Cancer, signe super-féminin pour lequel
l'enfance est l'époque essentielle, exprime, en votre
compagnie, tous les enthousiasmes de sa jeunesse. Ensemble, vous pouvez explorer un monde neuf devant
lequel se placent les jeux si dangereux de l'amour.
Pour cette année d'ailleurs, vous serez gâté en ménage.

Vous aurez une vie de famille stable et heureuse. Les petites fantaisies de vos gamins vous raviront. Quant à votre partenaire Cancer, il vous manifestera ouvertement son amour. Alors bravo! La vraie vie, n'est-ce pas celle que l'on passe auprès de ceux que l'on aime?

Vierge avec Lion

Si vous redoutez les complexes d'infériorité, il vaut mieux ne pas vous unir avec un natif du Lion. Mais si vous êtes capable de mettre de l'eau dans votre vin, vous réussirez à traverser 1993 dans la paix et l'harmonie.

Durant les six premiers mois de l'année, vous aurez d'excellents rapports avec votre Lion. À d'autres moments, le contact sera presque rompu. En septembre, notamment. Le détonnateur sera, pour cette fois-ci, une histoire d'argent. Si vous avez le malheur de faire une remarque à votre conjoint, en lui disant qu'il pourrait se passer de telle dépense superflue, il vous répondra qu'il n'a pas de leçons à recevoir de vous. Effectivement, vous ne serez pas très raisonnable sur le plan financier, et vous pourrez difficilement vous donner en exemple. Fort heureusement, la dispute sera de courte durée, car vous saurez aisément faire oublier votre malencontreuse remarque. À partir d'octobre, tout se passera le mieux du monde dans votre petit nid d'amour.

Vierge avec Vierge

Il y a du bon et du mauvais dans cette association. Votre partenaire Vierge, de nature pratique, risque de se heurter à votre tempérament changeant et volage, surtout lorsqu'il s'agit de régler des questions urgentes. Mais, en amour, vous partagez les mêmes goûts et les mêmes besoins.

1993 s'annonce pour vous une année remplie d'événements imprévus mais de nature plutôt agréable. Comme vous recevrez positivement l'influence de Jupiter dans votre deuxième maison solaire, voilà qui vous

annonce une vie sociale assez active. Et ce ne sera pas
vous qui vous en plaidrez! Bien au contraire!

Plus dégagé, alerte et entraînant, votre partenaire
Vierge vous permettra de lier connaissance avec des
personnes intéressantes. Il vous amènera partout avec
lui, et cette expérience enrichissante ne fera qu'améliorer vos relations au sein de votre vie de couple. Alors,
laissez-vous bercer par cette vague romantique.

Vierge avec Balance

Excellente combinaison. L'amour est pour vous deux
une chose très importante et indispensable. Cependant,
pour 1993, vous serez placé devant un cruel dilemme.
Devez-vous priviligier votre vie familiale ou votre vie
amoureuse? Un cas de conscience qui se posera claire-
ment à votre partenaire Balance durant les premiers
mois de l'année. La réponse, vous la trouverez ensemble, après avoir longuement dialoguer. Puis, la compréhension et la sollicitude de votre entourage amical vous
aideront à traverser en douceur cette période assez difficile. Difficile parce que vous aurez pas mal de problèmes familiaux importants à résoudre. Cependant, à
compter du mois de juin, tout rentrera dans l'ordre ha-
bituel. Effectivement, vous aurez d'excellents rapports
avec vos proches et votre vie de couple se portera à
merveille.

Vierge avec Scorpion

Votre association peut présenter certaines difficultés. Mais si vous possédez un ascendant susceptible
d'harmoniser vos tempéraments, votre vie de couple se
portera à merveille. Dans ce cas, 1993 sera une année
où vous pourrez profiter à fond de la vie. Chère Vierge,
vous serez gai, détendu, et votre Scorpion sera ravi de
sortir avec vous. De plus, vous ne manquerez pas de
suite dans les idées et vous ne ménagerez pas vos efforts, pour rendre votre partenaire heureux. Bravo!
C'est ainsi que vous ferez d'étonnants progrès dans votre vie de couple. De plus, votre douce moitié se sentira

une âme de conquérant et n'hésitera pas à prendre de gros risques pour vous faire plaisir.

Si vous avez l'intention de voyager, organisez votre circuit avant le mois de septembre. Ce sera une période très favorable à ce genre de projets.

Vierge avec Sagittaire

Excellent mariage. Votre partenaire Sagittaire répond adéquatement à votre idéal. Cependant, essayez de maîtriser votre nature dominatrice, notamment au cours de cette année, car votre douce moitié risque de se lasser rapidement de cette situation. Si vous suivez ce conseil, vous pouvez espérer voir votre vie de couple prendre une nouvelle orientation et plus intéressante. Suivez bien le cours des événements qui se dérouleront début juillet. D'ailleurs, attendez-vous à sortir beaucoup pendant cette période, chose qui enchantera sûrement votre Sagittaire! Vous vous découvrirez de nombreux goûts communs. En octobre cependant, vous vous sentirez grisé, ivre de liberté, prêt à tout pour vivre une grande aventure. En vérité, vous aurez un mal fou à rester fidèle à votre conjoint. Mais ne vaut-il pas mieux réfléchir avant de chambarder votre vie?

Vierge avec Capricorne

Deux intelligences contraires, deux tempéraments différents, deux tactiques opposées. Si certains ascendants ne s'en mêlent pas et ne permettent pas de les rapprocher, comment voulez-vous que ces deux natifs puissent s'entendre? Chose certaine, c'est que 1993 sera une année éprouvante pour chacun d'eux, notamment dans les quatre premiers mois de l'année.

Chère Vierge, vous devrez mettre beaucoup d'eau dans votre vin, afin de comprendre votre partenaire qui sera tiraillé par les influences douteuses d'Uranus et de Neptune dans son signe de naissance. Emporté par l'élan marsien, entre le 1er janvier et le 28 avril, vous échafauderez pourtant des projets grandioses. Pourquoi ne pas partir pour un long voyage, en ammenant votre petite famille? D'autres l'ont bien fait avant vous! Redescendez vite sur terre avant que les choses ne prennent des proportions inquiétantes. Avoir une vie de couple heureuse, c'est déjà un exploit. Pourquoi ne pas vous en contenter?

Vierge avec Verseau

Cette combinaison est idéale. L'originalité de votre partenaire Verseau alliée à vos qualités ingénieuses annoncent une association des plus fructueuses. Fantastique!

En effet, en 1993 vous serez en mesure de prouver aux yeux de tous qu'il vous est impossible de vivre sans votre douce moitié. Aucun doute, vos activités amoureuses seront nombreuses et variées. L'un s'efforcera de plaire à l'autre. Bref, l'amour sera la grande affaire de votre vie! Vous ne supporterez pas de rester séparé plus de vingt-quatre heures de votre partenaire Verseau. En juillet, votre conjoint ne pourra pas vous reprocher de manquer de tendresse. Vous serez le plus avenant et le plus chaleureux des amoureux.

Vierge avec Poissons

Il est vrai que vous éprouvez généralement certaines difficultés à vous entendre. Mais lorsque l'on s'aime profondément, on est capable de franchir les pires obstacles. D'ailleurs, vous prouverez fièrement cette année ce dont vous êtes capable de faire. En effet, vous serez très content de votre sort. Vous ferez votre possible pour harmoniser votre vie de couple. Voilà qui n'est pas si fréquent de nos jours. Mais oui, vous réaliserez que votre partenaire Poissons est le don Juan de vos rêves et qu'il possède toutes les qualités pour vous plaire. Aussi, vous n'hésiterez pas à manifester ouvertement votre satisfaction. Fantastique! Eh oui, votre union sera à vos yeux votre plus grande réussite. Bien entendu, vous serez fier de vous promener partout avec votre douce moitié. Alors Bravo! Vivez pleinement cette douce vague de bonheur.

MEILLEURS MOIS DE L'ANNÉE
POUR VOS DIVERSES ACTIVITÉS

Le Soleil a une influence considérable sur nos activités mensuelles. Sa position dans le ciel et les aspects qu'il forme avec les autres planètes me permet d'établir le guide qui suit. De plus, je vous conseille de préparer ce qui est important dans votre vie quand la Lune est croissante, mais de consolider les résultats obtenus et de mettre les projets en pratique lorsqu'elle est décroissante.

AFFAIRES

Vente, prospection et démarches importantes: mars, avril, mai et août.

Vente ou achat de propriétés ou d'immeubles: février, mars, mai, juillet et septembre.

Recherche d'emploi et d'appuis, demandes importantes: janvier, avril, juin, août et décembre.

Création de sociétés: mai, juin et octobre.

Voyages importants en voiture ou en avion: février, mars, mai, juillet et décembre.

Opérations en Bourse: janvier, mai, juillet, septembre et novembre.

DÉMARCHES NON COURANTES

Demande d'adoption d'enfant: mars, avril et octobre.

Demande de bourse, d'aide financière, de pension: janvier, mars, juin, septembre et novembre.

Demande d'assistance juridique: mars, août et octobre.

VIE FAMILIALE - ACTIVITÉS DOMESTIQUES

Grands nettoyages: février, avril, juin et novembre.

Déménagements: mars, juillet, septembre et décembre.

Organisation du budget: janvier, avril, juin et septembre.

Achat d'animaux domestiques: janvier, mars, juin et septembre.

Engagement de personnel de service: mars, août et novembre.

BEAUTÉ - SANTÉ

Examen général: janvier, mars, mai, juillet et octobre.

Soins capillaires: mars, juin et décembre.

Psychothérapie: février, mars, juin et octobre.

Début d'un traitement: janvier, mars et octobre.

Début d'un régime amaigrissant: janvier, mars et octobre.

AMOUR - AMITIÉ

Idylles, mariages: mars, juillet, août et octobre.

Vacances à deux: février, mai, juillet et octobre.

LOISIRS

Danse, expression corporelle: mars, septembre et novembre.

Sports d'adresse: février, mai, juin et septembre.

Sports d'endurance: mars, juillet et août.

Jeux intellectuels: janvier, mars, mai, septembre et décembre.

PRÉVISIONS MENSUELLES

JANVIER 1993

PLANÈTE DOMINANTE DU MOIS

En janvier, le soleil et Mars jouent en votre faveur. C'est pourquoi vous commencez 1993 avec beaucoup d'entrain, d'optimisme et de confiance en vos capacités. Durant ce cycle favorable, vous serez en mesure de surmonter les pires difficultés grâce à votre moral inébranlable. Profitez de ces bons influx pour lancer une affaire importante, pour faire des démarches, car vos chances de réussite sont très élevées.

COMPORTEMENT GÉNÉRAL

Avec la présence du Soleil et de Mercure dans le signe du Capricorne, vous commencez l'année avec un besoin de paix et de tranquillité, afin de pouvoir évoluer dans une atmosphère d'harmonie avec les gens de votre entourage. Par ailleurs, soyez conscient de vos énergies positives et enlevez de votre esprit tout doute pouvant nuire à votre épanouissement personnel.

AMOUR

Vous devrez vous partager entre les exigences de votre foyer et ceux de votre carrière. Alors, soyez plus souple et malléable pour combler ces besoins. Cependant, entre le 10 et le 29, vous serez une femme ou un mari comblé. Vous trouverez que votre partenaire a toutes les qualités, particulièrement s'il appartient au signe du Sagittaire, du Lion ou du Capricorne. Il faudra vous écouter vanter ses mérites aux alentours du 15. Aucun superlatif ne vous paraîtra trop fort. Bref, le bonheur vous tend la main.

Si vous êtes célibataire, vous aurez surtout envie d'améliorer les relations existant déjà dans votre vie. En un mot, vous chercherez à vous rapprocher davantage des gens que vous aimez. Contacts, lettres, invitations feront partie du quotidien. Si vous convoitez une personne en particulier, vous sentirez sûrement grandir en vous le feu de l'amour!

MEILLEURS PARTENAIRES

Durant ce premier mois de l'année, vous connaîtrez une entente mutuelle si vous côtoyez les natifs du Lion, du Verseau et du Bélier.

TRAVAIL

En janvier, Mercure occupe votre secteur de la chance et des spéculations. Par ailleurs, vous êtes sous les influences du Soleil. Conséquences? Pour ceux qui œuvrent dans le domaine des affaires commerciales ou autres, c'est une période propice aux signatures de contrats concernant les ventes ou les achats. De plus, si vous travaillez avec des associés, laissez-les prendre des initiatives, vers les 7, 15 et 21. Vous n'aurez pas à vous en plaindre. Mais ne perdez quand même pas de vue vos concurrents éventuels.

Si vous travaillez dans un bureau, une occasion unique pourrait se présenter à vous, aux alentours des 14, 21 et 25. Seulement, méfiez-vous des trop belles promesses de la part de certains de vos collègues, dans la deuxième semaine du mois. Vous risquez de payer cher votre confiance.

FINANCES

Sur ce plan, vous vous débrouillerez merveilleuse-ment. Plus d'hésitation, plus de déprime, vous prendrez les grands moyens pour faire encore plus d'économies. Et vous réussirez...! En effet, côté portefeuille, vous n'aurez pas trop de soucis à vous faire. Même si vous êtes aux prises avec des difficultés d'argent, vous vous en sortirez, grâce à un flair remarquable!

SANTÉ

Cette période s'annonce un peu plus délicate. Entre le 14 et le 31, vous aurez de la difficulté à maintenir votre équilibre psychique. Évitez, autant que possible, de vous laissez submerger par vos émotions. Afin de vous sentir mieux dans votre peau, assurez-vous que votre régime alimentaire contienne des viandes maigres, de la volaille, du yaourt et du fromage. Ces aliments sont indispensables à l'équilibre nerveux.

JOURNÉES FAVORABLES

Les 2, 3, 4 et 13 pour vous procurer quelques billets de loterie. Les 14 et 15 pour mieux vous organiser au travail et le week-end du 22 au 24 pour rendre visite ou recevoir des amis.

FÉVRIER 1993

PLANÈTE DOMINANTE DU MOIS

Ce mois-ci, Mars en Cancer envoie des rayons posi-tifs à votre signe. Il est de toute évidence que vous aurez besoin de liberté, afin de vous évader et de connaître de nouveaux horizons. En somme, les espaces inconnus vous paraîtront plus accessibles que ceux qui se trou-vent sous vos yeux. De même, il vous semblera plus indispensable d'exprimer vos sentiments, vos idées au-près de relations ou d'étrangers qu'auprès de vos proches. Bref, vous aurez l'intention de faire peau neuve et pour vous, en tant que bonne Vierge, changer vos horizons semble être la meilleure solution.

COMPORTEMENT GÉNÉRAL

Durant ce mois, on vous verra évoluer avec une nature charmante, compatissante et avenante, affichant des manières aimables et élégantes, afin d'harmoniser l'entente au sein de votre vie affective et de pouvoir vous revaloriser auprès des êtres qui vous sont chers. C'est avec un tempérament très déterminé que vous prendrez votre destinée en main.

AMOUR

Votre nature chaleureuse et empreinte de gentillesse vous vaudra la cote d'amour. En compagnie de votre partenaire, vous chercherez les plaisirs raffinés, tels que la musique douce et romantique et tout ce qui permet de vous évader des réalités de la vie quotidienne. En d'autres mots, vous vivrez des moments inoubliables lors de tête-à-tête amoureux.

Si vous avez des enfants, vous serez aussi gâté en février, car vous aurez une vie familiale heureuse. Une seule ombre au tableau: aux environs du 14, vous risquez de n'avoir plus la moindre notion des réalités matérielles. L'argent vous filera entre les doigts. Essayez d'équilibrer cette situation avant de le regretter.

Si vous êtes célibataire, vous garderez certainement, vous aussi, un formidable souvenir de ce mois. Les aventures les plus excitantes seront au rendez-vous. Et vous ne ferez rien pour les éviter. Moins vous aurez d'attaches, mieux vous vous sentirez, tout particulièrement si vous êtes Vierge ascendant Verseau ou Lion. Et au cours du week-end du 5 au 7, vous devriez faire une rencontre pleine d'attraits. Alors, bon succès!

MEILLEURS PARTENAIRES

Vous trouverez l'harmonie et l'accord désirés parmi les natifs des Gémeaux, du Lion et du Verseau.

TRAVAIL

En février, le Soleil occupe, jusqu'au 19, le signe du Verseau. Conséquences? Vous pénétrez dans une période importante au niveau des contacts professionnels. Si vous vous servez de votre flair incomparable, vous saurez tirer profit des bonnes occasions qui permettront de faire valoir vos talents. Vers le 21, cependant, vous aurez à faire face à un surcroît de responsabilités. Vous pourriez même être amené à faire marcher tout seul le service dans lequel vous travaillez. Aucun problème, vous y parviendrez. Aux alentours du 25, si vous avez une demande légale à présenter, vous aurez toutes les chances de gagner votre cause. En fin de compte, les astres vous supportent dans toutes vos démarches.

FINANCES

Comme vous le savez déjà, vous serez porté à la dépense ce mois-ci. À peine aurez-vous accompli un pas en avant, que vous vous empresserez d'en faire deux en arrière. Ce n'est pas ainsi que vous évoluerez. Cependant, si vous êtes en affaires, vers le 11, vous aurez une occasion rêvée de spéculer ou de transiger. Et plus encore, à partir de cette date, vous trouverez un «truc» formidable pour arrondir les fins de mois.

SANTÉ

Un peu comme les natifs du Cancer, vous avez tendance, ces temps-ci, à vous disperser et à gaspiller toute votre énergie. Ce sera encore plus flagrant ce mois-ci. Résultat? Vous aurez les nerfs à vifs et votre estomac sera très fragile. Bien sûr, il y a un côté positif et évident: vous serez rempli d'énergie et vous éprouverez un immense besoin d'agir. Oui, mais vous serez sous pression. Alors, attention aux risques de surmenage!

JOURNÉES FAVORABLES

Les 15, 16 et 22 pour signer des documents importants. Les 18 et 19 pour vos rapports familiaux et les 26, 27 et 29 pour vos rendez-vous galants.

MARS 1993

PLANÈTE DOMINANTE DU MOIS

En février, Vénus, planète de l'amour, fait plusieurs
clins d'œil à votre signe. Résultat? Vous serez en vedette ce mois-ci, car de nombreux amis rechercheront
votre compagnie. Invitations, coups de téléphone, lettres, rencontres imprévues, le tout présenté sur un plateau d'argent! Votre vie sociale s'annonce trépidante et
enrichissante, puisque vous aurez l'occasion de rencontrer des gens qui pourront vous apporter beaucoup, même au niveau professionnel. Vu sous un autre angle, les
astres accordent leur protection aux natifs qui auront à
se déplacer sur la route par affaires ou par agrément.

COMPORTEMENT GÉNÉRAL

C'est un mois durant lequel on vous verra manifester
des intentions de vivre harmonieusement et généreuse-
ment avec les gens de votre entourage. On vous verra
également affirmer une grande dextérité manuelle et une
rapidité d'exécution face à vos obligations quotidiennes.

AMOUR

Ce mois-ci, Vénus vient visiter votre huitième secteur solaire (vie sexuelle et amoureuse). C'est donc dire
qu'au cours de ce mois, vous aurez toutes les chances
de vivre heureux avec votre partenaire. Eh oui! Votre
union sera, à vos yeux, votre plus grande réussite. En
d'autres termes, Cupidon sera fidèle au rendez-vous,
particulièrement si votre douce moitié appartient au
signe des Poissons, du Bélier ou du Sagittaire. Si, depuis
un certain temps, vous aviez l'impression que le courant
ne passait plus entre votre conjoint et vous, vous retrouverez votre ancienne complicité. Il faut dire que vous
fournirez des efforts louables pour mieux vous com-

prendre. Voilà qui est merveilleux, car vous réglerez facilement vos petits différends!

Si vous êtes célibataire, cette période s'annonce mouvementée à souhait. Plus que jamais, vous serez sujet aux coups de foudre successifs, surtout si vous êtes Vierge ascendant Bélier, Poissons ou Sagittaire. Bien entendu, vous vous enflammerez comme une allumette. En ce sens que l'homme ou la femme que vous séduirez ne tardera pas à tomber dans vos bras. Essayez quand même de garder un peu de sérieux, afin de ne pas laisser sur votre route des petits cœurs blessés...

MEILLEURS PARTENAIRES

Ce mois de joie et de bonheur vous offre toutes les possibilités de vous joindre agréablement aux natifs des Poissons, du Taureau et du Sagittaire.

TRAVAIL

Ce mois-ci, Mercure occupe votre secteur de la vie publique. Ses influences positives vous donneront l'énergie nécessaire pour atteindre votre but. En même temps, vous songerez à l'avenir. Si vous n'êtes pas pleinement satisfait de votre emploi, profitez de cette période pour améliorer votre situation. Toutes les initiatives que vous prendrez entre le 12 et le 31 devraient donner d'excellents résultats à long terme. Par ailleurs, tous les natifs de la Vierge, dont l'activité a un lien avec l'étranger, seront favorisés. Si vous êtes commerçant, vos affaires marcheront mieux que pour la plupart de vos collègues zodiacaux. Enfin, vous pourrez profiter de l'action positive de Mercure dans le signe des Poissons pour apporter des changements à votre travail. N'hésitez pas à aller loin dans ce sens.

FINANCES

Sur le plan matériel, vous êtes actuellement dans une phase très bénéfique. Toutes les énergies sont réunies pour que vous puissiez faire fructifier vos ressources. Évidemment, vous n'aurez pas froid aux yeux. Vous

132 VIERGE

serez plutôt excité à l'idée de prendre des risques. Ce qui ne vous empêchera nullement de garder la tête sur les épaules et de savoir réaliser des placements sûrs. Alors, profitez pleinement de cette période d'abondance!

SANTÉ

Il y a des hauts et des bas. D'abord, redoublez de précaution en ce qui a trait à l'hygiène de l'appareil génital afin de prévenir les infections. Une hygiène très stricte devra être observée lors de vos rapports sexuels. Entre le 1er et le 28, si vous souffrez de troubles nerveux, vous constaterez une réelle amélioration de votre état. Ce sera aussi une période favorable pour soigner des troubles de bégaiement.

JOURNÉES FAVORABLES

Les 6, 7, 11 et 17 pour vous déplacer sur la route ou pour voyager. Le 18 pour vos réunions d'affaires et le week-end du 19 au 21 pour vos réunions familiales. Entre le 1er et le 20, tentez votre chance à la loterie. Vous aurez sûrement une agréable surprise!

AVRIL 1993

PLANÈTE DOMINANTE DU MOIS

En avril, vous serez nettement sous les influences de Mars, qui occupe depuis les trois derniers mois le signe du Cancer. Conséquences? Vous aurez la repartie prompte. Vous ne mâcherez pas vos mots et vous élèverez facilement le ton à tout propos. Désireux d'échanger vos idées, vous manifesterez le désir de vous exprimer sur divers sujets. Profitez-en pour vous ouvrir davantage en compagnie de gens que vous aimez. Par ailleurs, votre charme s'accentue et vous vous sentez encore mieux dans votre peau. C'est donc le bon moment pour mettre en évidence votre personnalité.

COMPORTEMENT GÉNÉRAL

Durant ce mois, on vous verra étaler des dispositions audacieuses et énergiques, accentuées d'une puissante détermination. En outre, vous aurez beaucoup de force morale et vous serez très tenace pour réaliser toutes vos ambitions.

AMOUR

Ce joli mois de printemps est orienté vers les relations humaines. Votre vie sociale sera trépidante et excitante. Vous ferez des rencontres, vivrez des situations cocasses et élargirez considérablement votre cercle de connaissances. Avec un tel élan de popularité, vous n'aurez guère le temps de vous ennuyer! Cependant, il ne faudra pas dévier de la route que vous vous êtes tracée. Si tout ce que vous entreprennez ne semble pas immédiatement combler vos vœux, ne désespérez pas. Ce n'est qu'en agissant d'une manière douce et pondérée, agencée de délicatesse et d'attention, que vous obtiendrez les tendresses de votre douce moitié. Sachez aussi que l'orgueil est la source de bien des désaccords. Alors, s'il y a quelque chose qui ne va pas entre votre partenaire et vous, discutez-en en toute humilité.

Si vous êtes célibataire, vous aurez envie de tomber amoureux? Eh bien! vous avez de la chance! Entre le 1er et le 15, vous devriez faire des rencontres prometteuses. Si vous êtes libre comme le vent, vous garderez un formidable souvenir de ce mois. En effet, les aventures les plus imprévues seront au rendez-vous. Alors, profitez-en!

MEILLEURS PARTENAIRES

Durant ce cycle printanier, les natifs en harmonie avec votre façon de penser seront ceux des signes des Gémeaux, du Cancer et des Poissons.

TRAVAIL

Comme le Soleil et Vénus occupent le signe du Bélier, vous êtes placé dans un influx astral très positif. Soyez donc réaliste, très optimiste et si quelques nuages obscurcissent encore votre horizon, sachez que rapidement ils finiront par disparaître. Eh oui! Aux alentours du 15, vous récolterez certainement quelques beaux succès sur le plan professionnel. Cependant, si vous êtes commerçant, votre intuition ne sera pas très bonne vers les 2, 8 et 9. Méfiez-vous de votre jugement, surtout si vous devez traiter des affaires délicates.

Si vous travaillez dans un bureau, cette période s'annonce des plus affairées. Votre ambition, depuis quelque temps sous le boisseau, se réveillera. Tous les espoirs sont permis, si vous osez tendre la main vers votre but.

FINANCES

Avec la présence de Jupiter en Balance, vous avez toujours l'occasion de vous enrichir. Vos coups d'audace pourraient être payants. L'argent viendra vers vous avec une certaine facilité, et vous n'aurez pas à craindre de baisses sérieuses dans vos rentrées habituelles. Si vous désirez vendre ou acheter une propriété ou un terrain, effectuez vos transactions durant ce cycle; vous aurez de meilleures chances d'obtenir votre prix.

Du côté de votre budget personnel, payez-vous du bon temps ce mois-ci. Vous ne le regretterez pas. En sortant de votre routine habituelle, vous verrez sûrement la vie en rose.

SANTÉ

Votre état physique sera bon dans l'ensemble. Toutefois, si vous êtes Vierge ascendant Sagittaire ou Gémeaux, vous risquez d'être très nerveux. Dans un tel cas, réduisez votre consommation de tabac ou d'excitants divers. On dit que «la modération a bien meilleur goût»!

JOURNÉES FAVORABLES

Les 2, 8 et 13 pour les étudiants en périodes d'examen, les 15, 16 et 18 pour vous procurer quelques billets de loterie et les 21 et 22 pour vos déplacements routiers.

MAI 1993

PLANÈTE DOMINANTE DU MOIS

Durant ce cycle, Mars circulera dans le signe du Lion. De ce fait, vous serez porté à vous mettre parfois des bâtons dans les roues. Pour une raison ou pour une autre, vous verrez la vie sous des couleurs sombres; vos responsabilités journalières pèseront lourd et vous aurez de la difficulté à faire face aux petits contretemps. Au fait, ces changements d'états d'âme ne joueront pas en votre faveur et vous serez susceptible de créer une atmosphère très tendue autour de vous. Allons, cher ami, prenez votre courage à deux mains et réalisez que même dans une période creuse, il y a toujours une bonne leçon à tirer!

COMPORTEMENT GÉNÉRAL

On vous verra vivre dans un climat électrisant et de haute sensibilité, où il vous faudra des nerfs à toute épreuve. Par contre, on vous verra évoluer avec une intelligence éveillée, accentuée d'une nature ambitieuse, parfois même extravagante.

AMOUR

Entre le 1er et le 16, gare aux désillusions! Ne vous fiez pas trop sur les commentaires de certains membres de votre famille, vous risqueriez de commettre une erreur impardonnable. Si vous sentez le besoin de vous confier, adressez-vous à un ami natif du Taureau ou du Sagittaire. Par contre, après cette date, tout ira assez bien. Les influences planétaires vous dispenseront du bonheur, à la fois dans votre vie familiale et amoureuse. Eh oui! les deux iront bien conjointement. Comme d'habitude, votre enthousiasme sera communicatif et votre conjoint répondra presque à tous vos désirs. Une seule ombre au tableau: la santé d'un de vos parents. En effet, cette période s'annonce plus difficile pour les gens du troisième âge natifs du Bélier et du Lion.

Si vous êtes célibataire, vous aurez parfois le sentiment de vivre sur la corde raide. Malheureusement, cher ami, des déboires amoureux sont à l'horizon pour les natifs négatifs de la Vierge. Vous avez besoin de vous motiver positivement afin de rebâtir votre vie amoureuse.

MEILLEURS PARTENAIRES

Vous serez attiré, tout au cours de ce cycle, par les natifs des Gémeaux, de la Vierge comme vous et du Scorpion.

TRAVAIL

Ce mois-ci, Mars en Lion ne jouera pas en votre faveur. Cependant, malgré certaines circonstances imprévisibles, vous serez armé d'une bonne dose de patience pour leur faire face. Cependant, ne prenez pas de décision hâtive, dans aucun domaine. Prudence avant tout! Mais il ne s'agit pas de vous mettre à soupçonner chacun de vos collègues de travail, au point que cela tourne à l'obsession. Surtout pas! Vous aurez simplement intérêt à garder vos distances à l'égard de votre entourage professionnel.

Si vous travaillez dans un bureau, vous n'aurez pas le temps de vous tourner les pouces. Rien de tel pour neutraliser vos angoisses que de vous abrutir de travail. Si vous le pouvez, faites cavalier seul; vous obtiendrez de bien meilleurs résultats qu'en équipe, plus particulièrement entre le 9 et le 31 mai.

FINANCES

Pas fameux votre budget ce mois-ci! Vous serez ti-raillé entre des tendances contradictoires: vous laissez guider exclusivement par votre instinct et rejeter uniformément tout ce qui vous semble contraignant ou raisonner avec la plus froide logique. Comme vous n'arriverez pas à trancher, vous adopterez un peu des deux attitudes. Ce mélange risque de donner d'assez mauvais résultats. Tâchez plutôt de miser sur votre habileté commerciale les 20, 24 et 28.

SANTÉ

Pas fameuse, elle non plus! Vous serez sujet à des troubles émotionnels assez pénibles durant les deux premières semaines de mai. Votre équilibre nerveux en sera fortement perturbé. Plusieurs feront des cauchemars ou se réveilleront tôt le matin dans un état d'agitation. Pour atténuer ces phénomènes, éliminez les excitants tels le café, le thé et la nourriture épicée.

JOURNÉES FAVORABLES

Les 3, 10 et 11 pour établir un contact avec d'anciens amis, les 17, 20 et 27 pour vos transactions financières et les 25 et 26 pour vos soirées mondaines.

JUIN 1993

PLANÈTE DOMINANTE DU MOIS

Ce mois-ci, Mercure semble être la planète qui vous enverra les meilleurs rayons. Alors qu'elle sera située dans le signe du Cancer entre le 2 et le 30, vous serez avantagé dans vos rapports sociaux, vous pourrez même avoir des contacts avec des amis oubliés qui referont surface. En outre, revoir une personne que vous avez bien aimée vous fera chaud au cœur. Par ailleurs, les accords ou contrats signés durant cette période offriront toutes garanties de stabilité. Donc, si vous êtes en affaires, discutez, négociez, faites des démarches, le succès vous tend la main!

COMPORTEMENT GÉNÉRAL

Enfin de meilleures perspectives! On vous verra vivre pendant ce mois dans une ambiance propre à extérioriser vos sentiments et à mettre en évidence votre personnalité. C'est une période au cours de laquelle on vous verra affirmer une nature sociable, affable et douce auprès des membres de votre famille.

AMOUR

Vos désirs, quels qu'ils soient, seront comblés. La chance vous accompagne dans vos relations sentimentales. En d'autres termes, vous deviendrez très sérieux en amour. Pas question de marivaudage ou d'amourette d'un soir. En vérité, ce mois vous permettra de mieux apprécier les petites attentions et la générosité témoignée par l'être aimé. Mais oui, vous jugerez que vous avez une bonne relation et vous n'hésiterez pas à manifester ouvertement votre satisfaction! C'est un peu comme si vous étiez en train de retomber follement amoureux de votre douce moitié. Durant le week-end du 18, si vous désirez vous offrir de petites vacances à l'étranger, partez sans crainte. Cet sera pour vous une seconde lune de miel. Alors, profitez-en!

Si vous êtes célibataire, dès le 6, vous connaîtrez des succès romantiques au cours de vos réunions mondaines, durant lesquelles vous vivrez des moments de bonheur. Et plus encore, vous n'aurez pas assez de place dans votre agenda pour noter tous vos rendez-vous galants. Aucun doute, vos activités amoureuses seront nombreuses et variées.

MEILLEURS PARTENAIRES

Afin de réaliser positivement toutes vos ambitions, vous trouverez appui et accord chez les natifs du Cancer, du Bélier et du Verseau.

TRAVAIL

Durant ce mois, avec les influences positives de Mercure en Cancer, vous vous affirmerez positivement. En effet, vous retrouverez graduellement votre nature énergique et combative. Vous gagnerez ainsi le respect des autorités et de vos collaborateurs. Dans un premier temps, votre patron sera très satisfait de votre travail et il vous le dira. C'est donc le moment de foncer afin d'atteindre tous vos objectifs. Dans un deuxième temps, vous chercherez aussi un moyen de gagner plus d'argent. Soyez attentif à ce qui sa passera vers les 10 et 17. Une occasion intéressante peut se présenter et être à saisir rapidement.

Si vous travaillez dans un bureau, les choses semblent bien se présenter pour vous. Entre le 4 et le 19, vous serez bien inspiré pour prendre des décisions importantes concernant votre emploi.

FINANCES

Eh oui! cher ami, vous avez l'occasion de faire fortune! Non seulement vous êtes protégé, mais les astres vous encouragent également à spéculer, à transiger et à négocier dans le but de doubler vos revenus. Bref, toutes les conditions sont réunies pour que vous puissiez faire fructifier vos ressources. Alors profitez-en!

Du côté de votre budget personnel, vous traversez une très bonne période pour acquitter totalement ou partiellement vos dettes. Ne soyez pas négligent et vous en sortirez gagnant!

SANTÉ

Ce mois-ci, vous jouirez d'une forte santé. Gardez la juste mesure, particulièrement dans le domaine alimentaire. Plutôt que d'avoir la ligne mannequin, vous serez plutôt prédisposé à vous arrondir. Alors, évitez les excès et consommez en abondance fruits, légumes et viandes maigres; aliments qui sont excellents pour vous.

JOURNÉES FAVORABLES

Les 7, 15 et 24 pour vos rendez-vous sentimentaux. Les 11, 17 et 26 pour discuter affaires et les 8, 13, 15 et 22 pour miser gagnant à la loterie.

JUILLET 1993

PLANÈTE DOMINANTE DU MOIS

Durant ce beau mois d'été, le Soleil en Cancer éclaire vivement votre signe. Alors, avec élan, énergie et enthousiasme, vous ferez confiance à la vie. Quoi que vous en pensiez, vous êtes protégé. Mais demeurez prudent et serrez bien les cordons de la bourse. Ce mois-ci, vous serez porté à dépenser plus qu'à l'accoutumée. Vos entrées d'argent pourront aussi être irrégulières et vous aurez de la difficulté à stabiliser votre budget. Vos petites économies, réalisées à grand-peine, s'envoleront, surtout si vous avez des enfants. En effet, leurs goûts et leurs besoins seront excessifs. À vous de mettre un terme à leurs demandes, surtout si celles-ci sont faites uniquement en vue d'acquérir des choses inutiles.

COMPORTEMENT GÉNÉRAL

On vous verra évoluer avec une nature passionnée et vindicative. Vous désirez fortement connaître un accroissement de votre popularité lors de vos réunions mondaines. Par ailleurs, dans ce tourbillon incessant d'activités, veillez à ne pas oublier de remplir vos obligations familiales.

AMOUR

Vous aurez envie de plaire davantage ce mois-ci; c'est pourquoi vous ferez votre possible pour rendre tout votre petit monde heureux. Dans un premier temps, vous chercherez à vous habiller avec plus d'élégance et vous attacherez beaucoup plus d'importance à votre apparence extérieure. Cette transformation modifiera sûrement vos rapports avec l'être aimé. Dans un deuxième temps, vous aurez un grand besoin d'amour et vous aurez aussi envie de jouir de tout ce que la vie peut vous offrir. C'est pour cette raison que vous ferez votre possible pour obtenir les faveurs que vous désirez de votre petit amour. Si vous prenez vos vacances en juillet, vous mènerez la plus agréable des existences puisque votre partenaire cédera à tous vos caprices. Alors, profitez-en pour vous rapprocher davantage de lui!

Si vous êtes célibataire, l'amour sera très important dans votre vie! Si vous avez une relation stable en vue, vous ne supporterez pas de rester séparé plus de vingt-quatre heures de l'élu de votre cœur. Merveilleux! Vous serez comblé, notamment avec les natifs du Cancer, de la Balance et du Sagittaire. Même si vous êtes un célibataire endurci, vous aurez plusieurs occasions de faire d'intéressantes rencontres, particulièrement entre le 4 et le 27 de ce mois.

MEILLEURS PARTENAIRES

Durant ce mois, votre prestige sera en hausse si vous côtoyez les natifs des Gémeaux, de la Vierge et du Scorpion.

TRAVAIL

Ça va de mieux en mieux! Si vous devez travailler tout le mois, vous serez apprécié et considéré à votre juste valeur par vos supérieurs. En congé pour quelques semaines? Ce sera la joie de vivre. Vous pouvez prendre la route, car cette période est propice aux transferts, aux grands voyages et aux sports de plein air. Par ailleurs, ce cycle vous accorde toutes les possibilités d'entretenir d'agréables relations avec des amis sincères.

FINANCES

Avec la présence du Soleil en Cancer, cette période estivale est tout à fait indiquée pour modifier l'apparence extérieure de votre domicile. À l'aide de vos économies ou d'un prêt bancaire, profitez de ce cycle pour réaliser ce rêve, pendant que le prix des matériaux est abordable. Par contre, ceux qui aménagent dans un nouvel appartement ou une nouvelle résidence devront s'attendre à des dépenses supplémentaires. En somme, tout ira pour le mieux, si votre budget vous le permet!

SANTÉ

Pour ceux qui pensent s'éloigner du pays, veillez, avant votre départ, consulter un médecin afin de vous prémunir contre les maladies. De plus, soyez très prudent dans la pratique de vos sports préférés, surtout si vous avez plus de quarante ans.

JOURNÉES FAVORABLES

Les 9, 10, 14 et 21 pour partir en voyage. Les 13 et 15 pour rendre visite à des amis et les 16, 17 et 23 pour spéculer, pour transiger ou pour vous acheter des billets de loterie.

AOÛT 1993

PLANÈTE DOMINANTE DU MOIS

En août, Vénus, située dans le signe du Cancer, envoie d'excellents rayons à votre signe. Conséquences? Plus ça va, mieux ça va, la chance vous accompagne toujours! Cette fois-ci, elle vient agir sur votre secteur des amitiés. En effet, les gens que vous aimez se rapprocheront davantage de vous et vous pouvez même vous attendre à une visite inattendue. D'ailleurs, si cette personne ne vient pas à vous, vous irez vers elle. Profitez de cette belle période pour vous remémorer de bons souvenirs et même pour faire des projets d'avenir.

COMPORTEMENT GÉNÉRAL

Ce mois-ci, on vous verra vivre avec une nature fière, énergique et autoritaire, entremêlée d'un besoin de vous placer en tête d'affiche, afin d'affirmer votre personnalité et de prouver aux yeux de tous vos capacités. Cependant, malgré votre puissant désir de plaire, veillez à maîtriser vos élans d'orgueil.

AMOUR

Vous êtes bien disposé pour échanger vos sentiments. Les astres se sont donné la main pour vous envoyer des rayons de bonheur. Eh oui! vous sentirez un grand besoin d'aimer en août et vous verrez la vie en rose malgré vos petites difficultés. Et c'est peut-être un prince charmant ou une ravissante princesse que vous rencontrerez vers le 16. Cependant, avant cette date, les astres laissent entrevoir une conjoncture aléatoire en ce qui concerne vos ententes réciproques. Alors, ménagez vos paroles, car, par la suite, vous vivrez dans un climat des plus harmonieux. Oui, ce sera la belle vie. Vous sortirez davantage, vous ferez une foule de projets avec votre partenaire et vous vivrez des heures inoubliables en compagnie d'amis sincères. En d'autres mots, vous fuirez la monotonie afin de mettre du piquant dans votre vie sentimentale.

Si vous êtes célibataire, le cas contraire semble se produire, car la première partie du mois facilite vos rapports avec vos nombreux admirateurs. Si bien que vous aurez nullement envie d'être sérieux en amour. Jusqu'au 15, environ, vous vivrez des aventures agréables et sans problème. Seulement, après cette date, méfiez-vous de certaines personnes de votre entourage, notamment ceux qui appartiennent aux signes du Bélier, du Lion, du Verseau. «Un homme averti en vaut deux!»

MEILLEURS PARTENAIRES

Vous serez attiré, tout au long de cette période, par les natifs des Gémeaux, du Lion et du Verseau.

TRAVAIL

En août, Mars, planète de l'énergie, occupera votre signe ainsi que celui de la Balance. Conséquences?

Vous trouverez le début du mois un peu dur. Ensuite, le climat s'améliorera. De la nervosité? Mais tant d'habileté et tant d'intuition! La chance est à vos côtés mais vous met à l'épreuve; tenez bon! Si vous évoluez dans le monde des affaires, vous aurez l'occasion de doubler vos objectifs. En effet, vous serez productif, efficace et aucune difficulté ne vous arrêtera. Entre le 5 et le 16, vous vous efforcerez d'améliorer votre situation matérielle. Comment? En transigeant, en négociant et en obtenant une promotion au travail. Alors, bravo! Maintenez cet état d'esprit positif et vous obtiendrez toutes les faveurs désirées.

FINANCES

Excellentes idées que vous trouverez dans le domaine des biens matériels. En effet, vous avez l'occasion de faire fortune, non pas à la loterie mais par de rapides transactions. Alors, si vous désirez vendre certains articles, propriétés ou autres, agissez surtout dans la deuxième semaine d'août. Vous obtiendrez plus facilement votre prix. De plus, si vous êtes en affaires, cette période est favorable pour la signature de nouveaux contrats.

Du côté de votre budget personnel, prenez le temps de réviser vos positions. Faites de l'ordre dans vos affaires et tout ira pour le mieux.

SANTÉ

C'est le moment ou jamais de vous occuper de votre santé. Dans les dix premiers jours d'août, vous pourrez facilement soigner vos petits «bobos», et particulièrement si vous avez une faiblesse au foie, aux intestins et à l'estomac. Ajoutez à votre régime alimentaire quotidien une bonne quantité de légumes crus et de fruits. Évitez de consommer des viandes trop grasses et buvez beaucoup d'eau. Ainsi, vous vous porterez à merveille!

JOURNÉES FAVORABLES

Les 5, 6, 10 et 17 pour prouver vos compétences au travail, les 16 et 18 pour vos soirées amicales et les 30 et 31 pour vos transactions financières.

SEPTEMBRE 1993

PLANÈTES DOMINANTES DU MOIS

Durant ce mois de votre anniversaire, deux planètes importantes envoient leurs rayons d'abondance à votre signe. Il s'agit du Soleil et de Mercure. Cependant, vous pouvez souffrir quelque peu de l'action incertaine de Vénus en Lion, votre maison solaire 12 (chagrin et peine). En conséquences, vous aurez l'impression, sans doute mal justifiée, que les gens s'éloignent de vous sans raison apparente. Vous vous poserez mille et une question à savoir ce qui provoque cette situation. De ce fait, vous suivrez trop facilement les impulsions de vos instincts et vous maîtriserez mal vos énergies. Des conflits familiaux sont également à craindre, causés par votre manque de confiance personnel. Allons, cher ami, reprenez-vous en main et changez votre attitude afin de profiter des bons moments de la vie.

COMPORTEMENT GÉNÉRAL

Durant ce cycle, Vénus, planète de l'amour et de l'amitié, évolue dans votre douzième secteur solaire. De ce fait, c'est un mois d'exigences familiales, sociales et professionnelles, durant lequel vous aurez à faire preuve de courage et de ténacité, afin de contrecarrer les événements inusités. On vous saura gré de maintenir une grande sagesse d'esprit.

AMOUR

Le temps est à l'orage, ne vous aventurez pas sur un terrain trop glissant! En effet, vous accueillez septembre

avec un brin de mélancolie et vous êtes porté à remettre
en question votre vie sentimentale. Cette indécision affective trouve un écho dans les difficultés que vous rencontrez auprès de certaines gens, qui abusent de votre
bonne foi, et dans vos projets sociaux. Heureusement,
dans la troisième semaine de septembre, les choses se
clarifieront. Alors, inspirez profondément et prenez votre courage à deux mains, parce qu'il va vous en falloir
beaucoup pour supporter la vie à deux! Le champ de
bataille, ce sera votre foyer, bien entendu. C'est pourquoi vous devez essayer de trouver rapidement une
solution, avant que vos enfants ne soient gravement per-
turbés par cette atmosphère lourde et tendue.

Si vous êtes célibataire, ça va barder chez vous
aussi! Surtout si vous vous êtes rendu compte que l'être
courtisé vous prenait pour une bonne poire et qu'il en
profitait outrageusement. La leçon aura été dure mais
positive. En septembre, vous annoncerez tout de suite le
ton. D'un côté, vous refuserez d'être manipulé par les
personnes que vous fréquentez et de l'autre, vous regretterez d'avoir à entretenir des rapports de force avec
elles. Rassurez-vous! Vers le 25, le hasard devrait venir
à votre secours.

MEILLEURS PARTENAIRES

Durant ce mois, vous entretiendrez d'excellents rapports parmi les natifs de la Vierge comme vous, du
Scorpion et du Taureau.

TRAVAIL

Ce mois-ci, vous prendrez fermement votre avenir
en main. Mais il ne faudra pas vous parler de prudence.
Vous aurez l'impression, fausse, malheureusement, que
vous bénéficiez de puissantes protections. La vérité,
c'est que certaines de vos intuitions viendront brouiller
complètement votre jugement. Attention aux erreurs
commises par excès d'optimisme! Si vous prenez une
folle initiative vers le 17, n'espérez pas être couvert par

votre patron. Si vous réussissez, tant mieux, mais si vous échouez, ce sera à vous de payer les pots cassés! Heureusement, vous pourrez compter sur l'aide de vos collègues. Ils vous donneront un fameux coup de main, aux alentours du 23.

Si vous travaillez dans un bureau, vous lutterez beaucoup ce mois-ci pour obtenir la reconnaissance professionnelle que vous méritez et vous aurez gain de cause, si vous réussissez à maîtriser votre émotivité.

FINANCES

Vos finances ne seront pas très fructueuses en ce début de mois, mais dès le 17, le temps tourne au beau fixe. Vous aurez même la main heureuse dans vos transactions et spéculations. Cependant, si vous êtes dans les affaires, vous devez vous méfier de la fourberie de certaines personnes lors de la signature d'un contrat, particulièrement dans les derniers jours du mois.

Du côté de votre budget personnel, ne changez pas vos habitudes. Faites face à vos obligations, même si vous devez vous serrer la ceinture, car en octobre les astres joueront en votre faveur.

SANTÉ

Sur ce plan, ceux qui sont déjà en bonne forme n'auront sans doute aucune difficulté à conserver celle-ci tout au long de septembre. Ne soyez cependant pas trop sédentaire et faites attention aux excès de table!

JOURNÉES FAVORABLES

Les 5, 6, 13 et 19 pour vos tête-à-tête amoureux. Le 17 pour signer des documents importants sur le plan légal et les 26 et 27 pour miser gagnant à la loterie.

OCTOBRE 1993

PLANÈTE DOMINANTE DU MOIS

Excellentes perspectives ce mois-ci, puisque la douce Vénus vient visiter votre signe. C'est donc cet astre qui va enfin éliminer le climat de tension qui s'était installé dans votre ciel le mois précédent. Vous pourrez enfin profiter de tout ce que la vie peut vous offrir. En d'autres mots, votre réussite sociale sera grandement facilitée par l'excellence de vos relations d'amitié. Au travail, vous aurez tendance à échafauder des plans ambitieux qui trouveront un accueil favorable auprès des autorités. Au fait, votre joie de vivre sera communicative et tout ce que vous entreprendrez réussira avec un minimum d'efforts.

COMPORTEMENT GÉNÉRAL

Respirez à fond, car votre ciel s'éclaircit. Par conséquent, on vous verra évoluer avec un esprit logique et ingénieux, soutenu par des dispositions sages et pratiques, apportant ainsi l'ordre dans vos conditions de vie sociale et professionnelle.

AMOUR

Sur ce plan, Cupidon fera battre très fort votre petit cœur! Eh oui! vous ne risquez pas de connaître de temps mort dans votre vie affective. Invitations, imprévus, coups de téléphone intéressants seront au rendez-vous. De plus, vous vous montrerez beaucoup plus sociable, particulièrement si vous êtes Vierge ascendant Scorpion ou Balance. Si des amis arrivent chez vous sans prévenir, vous n'en ferez pas un drame. Au contraire, vous allez vous faire un plaisir de les recevoir. Ce sera aussi l'entrée libre pour les copains de vos enfants. Dans l'ensemble, d'ailleurs, vous donnerez une éducation plus souple, moins rigide à vos bambins.

Du côté cœur, au lieu de vous inquiéter pour l'avenir ou de vous appesantir sur le passé, vous savourerez les joies du présent. Elles seront nombreuses, soyez-en assuré!

Si vous êtes célibataire, au lieu de laisser les circonstances décider à votre place, vous prendrez en main votre destin amoureux, avec une fermeté qui aura même de quoi étonner ceux qui vous connaissent bien! Un petit conseil: profitez de cette période pour vous épanouir pleinement!

MEILLEURS PARTENAIRES

Vos sorties seront doublement agréables si vous fréquentez les natifs du Cancer, de la Balance et du Verseau.

TRAVAIL

En octobre, Mars occupe le signe du Scorpion. Il vous aidera à contourner habilement les obstacles que vous rencontrerez dans le domaine professionnel. Mais ce n'est pas gagné d'avance! Au début du mois, vous risquez d'être déprimé, las de travailler pour des miettes. Surtout, ne vous laissez pas abattre. Dans la deuxième semaine d'octobre, le hasard jouera en votre faveur. Résultat? Vous obtiendrez enfin carte blanche pour réaliser un petit projet qui vous tient à cœur et qui peut vous rapporter des gains supplémentaires.

Si vous travaillez dans un bureau, cette période s'annonce des plus affairées. Vous pouvez même vous attendre à un surcroît de responsabilités.

FINANCES

Ce ne sera pas la fête sur le plan financier. Si vous êtes Vierge ascendant Bélier ou Lion, vous risquez de vous laisser aller aux pires imprudences, simplement parce que la chance ne sera pas de votre côté, tout au

moins dans le domaine des placements et de la bourse.
Alors, soyez prudent!

Du côté du budget personnel, votre ciel s'éclaircit,
alors profitez-en pour faire une révision complète de
vos états financiers.

SANTÉ

Vous avez déjà tendance à vous disperser et à gaspiller votre énergie. Ce sera encore plus flagrant ce
mois-ci. Essayez d'éliminer toutes les activités super-
flues, au moins pendant la première quinzaine d'octobre. Durant cette période, en effet, vous risquez de
souffrir de troubles gastriques. Si vous parvenez à retrouver votre calme et votre équilibre, ces malaises dis-
paraîtront.

JOURNÉES FAVORABLES

Les 5, 6, 13 et 18 pour prouver vos compétences au
travail. Les 19 et 20 pour vos soirées amicales et les 22
et 25 pour vos transactions financières.

NOVEMBRE 1993

PLANÈTE DOMINANTE DU MOIS

Évidemment, novembre est un mois d'éclipse solaire
et lunaire. Alors que vous recevez une généreuse influence du Soleil et de la Lune, la tournure faste du
destin en cette période vous rendra joyeux, optimiste et
affectueux, tendant à profiter au maximum des plaisirs
de l'existence et à partager ceux-ci avec votre entourage. De plus, la chance vous accompagne dans vos
affaires et, grâce à de fructueuses transactions, votre
fortune pourra s'accroître considérablement.

COMPORTEMENT GÉNÉRAL

Ce mois sera vécu dans un besoin d'affirmer votre nature bienveillante par des sentiments chaleureux, affectueux et tendres. Par ailleurs, vous serez remarqué par votre sens de l'humour et votre subtilité d'esprit; ce qui plaira davantage à votre entourage.

AMOUR

Vos amours se portent à merveille. Eh oui! Le Soleil dans le signe du Scorpion fait battre votre cœur très fort ce mois-ci! Et peut-être pour l'une de vos anciennes connaissances, que vous aviez perdu depuis longtemps? Peu importe la situation, vous vivrez des heures heureuses en compagnie des gens que vous aimez. De plus, on ne s'ennuiera pas chez vous ce mois-ci. Vous vous arrangerez pour que les occupations ne manquent pas. D'ailleurs, votre vie amoureuse sera, à vos yeux, votre plus grande réussite. Vous vous ferez un plaisir d'admirer votre partenaire, son allure et son entrain. Bien entendu, vous serez fier, en bon natif de la Vierge que vous êtes, de vous promener partout au bras de votre ami. Alors, soyez heureux, cher ami!

Si vous êtes célibataire, vous n'aurez pas du tout le même comportement. Malheur à celui ou celle qui essaierait de vous priver de votre liberté. Et si l'un de vos nombreux admirateurs est un peu trop collant, vous ne vous gênerez pas pour lui dire le fond de votre pensée, vers le milieu du mois. Mais dans l'ensemble, vos compagnons de cœur seront disposés à accepter vos règles du jeu. Alors, tout ira pour le mieux pour vous.

MEILLEURES PARTENAIRES

Durant cette période, vous entretiendrez de bonnes relations et vous serez compatible avec les natifs du Sagittaire, de la Balance et du Bélier.

TRAVAIL

C'est une période durant laquelle vous devrez accomplir vos tâches avec dextérité et conscience professionnelle, car votre patron exigera beaucoup de vous. De plus, méfiez-vous des gens de mauvaise foi, soyez plus discret et surtout, ne confiez vos intentions à personne.

Si vous avez des démarches importantes à faire, vos meilleures journées pour les mettre à exécution sont les 9, 16, 19 et 26 novembre. Vous obtiendrez d'excellents résultats, voire au-delà de vos espérances. Cependant, si vous êtes en discussion d'affaires, ne signez rien avant le 23. Cela vous donnera le temps de réfléchir au terme du contrat.

FINANCES

Si vous faites partie des gens d'affaires, avec la présence de Vénus dans votre troisième maison solaire, vous pénétrerez dans un cycle d'abondance vous permettant d'effectuer toutes formes de transactions, particulièrement entre le 9 et le 30 de ce mois.

Du côté de votre budget personnel, il est évident que vous êtes fortement influencé par le coût de la vie et que vous ne prenez aucun risque inutile de perdre, par des investissements trop hasardeux, les biens si durement acquis. Alors, cher Vierge, demeurez sage et vous ne regretterez point! Cependant, vous pouvez miser une petite somme à la loterie, car la chance vous accompagne.

SANTÉ

En général, vous êtes capable de résister assez facilement aux assauts de la maladie. Cependant, méfiez-vous des bronchites en début de mois. Et gare aux refroidissements!

JOURNÉES FAVORABLES

Les 2, 3, 7, 14 et 15 pour vos relations affectives. Les 8 et 9 pour vos petits voyages d'agrément. Les 8, 10, 19 et 23 pour spéculer, transiger et jouer à la loterie.

DÉCEMBRE 1993

PLANÈTES DOMINANTES DU MOIS

Ce mois-ci, vous serez sous les influences de plusieurs planètes, notamment le Soleil, Vénus, Mercure et Mars qui séjourneront dans le signe du Sagittaire. Conséquences? Dès le début de cette période de festivités, vous devrez faire face à un climat plus délicat qui vous entraînera à modifier votre programme d'activités. En effet, certains de vos projets seront entravés pour de multiples raisons venant des autres et vous aurez à réorganiser vos réunions et vos soirées en famille. D'une manière, vous ne serez pas déçu puisque l'absence de certaines gens vous évitera bien des soucis. Par ailleurs, sortir de l'éternelle routine des Fêtes vous apportera une nouvelle perspective des choses et vous passerez le plus agréable des Noëls. Cependant, il y a quand même une ombre au tableau: votre santé. En effet, vous souffrirez d'une baisse d'énergie qui viendra limiter votre résistance durant ces longues nuits de réjouissances, mais ne vous inquiétez pas outre mesure, tout rentrera dans l'ordre rapidement.

COMPORTEMENT GÉNÉRAL

Vous terminerez l'année avec un besoin plus accentué de tranquillité et de paix intérieure. On vous remarquera tantôt heureux et souriant, tantôt porté à la critique sévère, surtout concernant le comportement de certaines gens lors de soirées familiales.

AMOUR

Il y a des hauts et des bas. Laissez parler votre cœur et tout ira pour le mieux. Comme cette période des fêtes traditionnelles se prête bien à l'oubli des erreurs du passé, faites en sorte de vous montrer très compatissant envers votre partenaire, notamment s'il appartient aux signes du Capricorne ou du Verseau. Vous serez alors littéralement plongé dans un bonheur intense et vous apprécierez davantage votre vie amoureuse.

Si vous êtes **célibataire**, la liberté sera pour vous pleine d'attraits. Vous ferez de nouvelles rencontres très originales et vous renouvellerez votre cercle d'amis. En d'autres termes, vous aurez envie d'ouverture sur le monde et vous éviterez de vous refermer sur une vie trop personnelle et centrée sur vous-même. Et qui sait, Cupidon sera peut-être au rendez-vous!

MEILLEURS PARTENAIRES

Pour terminer l'année en beauté, assurez-vous la compagnie des natifs du Taureau, du Lion et du Bélier.

TRAVAIL

Grâce à la présence de Jupiter dans le signe du Scorpion, tous les natifs de la Vierge sont placés dans un influx astral très positif. Soyez donc réaliste, très optimiste et si quelques nuages obscurcissent encore votre horizon, sachez que rapidement ils finiront par disparaître.

Si vous êtes dans les affaires, c'est un mois où une mise au point s'impose afin d'assurer la sécurité maximale de la production au sein de vos entreprises. De plus, par rapport aux influences astrales, cette période s'avère propice au rétablissement de l'équilibre de votre budget. En somme, avant de signer des documents importants, veillez à relire chaque clause afin d'éviter d'être lésé.

Si vous travaillez dans un bureau, soignez la présentation de vos travaux et de vos projets. L'effort que vous êtes en train de fournir trouvera dès le début de 1994 sa récompense. Faites preuve de méthode et de dynamisme.

FINANCES

Durant ce cycle de festivités, maîtrisez vos élans de générosité pour ne pas dépasser la limite de votre budget. Croyez-le, on appréciera autant un modeste présent offert avec cœur qu'un objet de grande valeur.

SANTÉ

Si vous souffrez d'hypertension, redoublez de précautions en début de mois. Vous avez décidé de vous offrir quelques jours de vacances dans un pays chaud? Surtout, pas d'imprudence! Ne cherchez pas à bronzer trop vite!

JOURNÉES FAVORABLES

Le 5, 9, 16 et 23 pour miser gagnant à la loterie, les 22 et 24 pour vos réunions familiales et les 27 et 31 pour rendre visite à des amis ou des parents éloignés.

ACTIVITÉS DE L'AUTEUR

Michèle Perras, bachelière ès lettres, écrivain, astrologue et professeur, pratique l'astrologie depuis 1973. Elle a également fondé en 1979 le CENTRE ASTROLOGIQUE MICHÈLE PERRAS inc, école spécialisée dans l'enseignement professionnel et dans les sciences psychiques. Vous pouvez donc y suivre les cours suivants:

- ASTROLOGIE ÉSOTÉRIQUE ET SCIENTIQUE: niveaux 1, 2, 3 et 4
- ASTRO-NUMÉROLOGIE: niveaux 1, 2 et 3
- TAROT PROFESSIONNEL: niveaux 1, 2 et 3
- ASTROLOGIE CHINOISE: niveaux 1 et 2

Pour obtenir des renseignements complémentaires, s'informer par écrit au:

Centre Astrologique Michèle Perras inc.
524, 82ᵉ Avenue
Pointe-aux-Trembles
Montréal (Québec)
H1A 2K6
Canada
ou téléphoner à FRAIS VIRÉS au (514) 359-1365

Achevé   Imprimerie
d'imprimer Gagné Ltée
au Canada Louiseville